N

TOM HUGHES

DER KAMPF UMS BLAUE BAND

EDITION MARITIM

In Erinnerung an meinen Vater Thomas Scoffham Hughes
(1869 - 1952)

Mein besonderer Dank gilt Mr. John MacRoberts, der mir sein Fotoarchiv zur Verfügung stellte, und Mrs. Mary Thomas für ihre unschätzbare Hilfe bei der Niederschrift des Manuskripts.

Inhalt

Vorwort

Der Nordatlantik, Jahrhunderte hindurch der einzige Transportweg zwischen Europa, Kanada und den Vereinigten Staaten, nimmt in der Schiffahrtsgeschichte einen besonderen Platz ein. Die Entwicklung Nordamerikas und die Öffnung dieses weiten Kontinents für Millionen von Siedlern, die Ausweitung des Handels und die Verdrängung der Segelschiffe durch die Dampfer machten die nordatlantischen Schiffahrtswege zur Kampfbahn für einen heftigen und unaufhörlichen internationalen Wettbewerb der Schiffahrtsgesellschaften. Der Kampf ums Blaue Band begann im Juli 1840 mit der Eröffnung des ersten mit Dampf betriebenen regelmäßigen transatlantischen Post- und Passagierdienstes durch den hölzernen Cunard-Raddampfer »Britannia«; er endete im Februar 1973 mit dem Verkauf des United States Liners »United States«, dem schnellsten Passagierschiff der Welt.

In den dazwischen liegenden Jahren führte der Kampf um die Vorherrschaft auf dieser lukrativsten aller Passagierschiffsrouten zu revolutionären Entwicklungen in Entwurf und Formgebung der Schiffe, zur Vervollkommnung der Maschinenanlagen und zur ständigen Steigerung des Luxus in den Passagierräumen. Die Reeder, besonders die in Deutschland, Frankreich, Großbritannien, Italien und den Vereinigten Staaten, setzten ihren Ehrgeiz darin, die größten, schnellsten und luxuriösesten Schiffe auf dieser Route einzusetzen. Die führenden Schiffbauer und Maschinenkonstrukteure der Welt brachten im Zusammenwirken mit der Erfahrung und dem Können der Werftarbeiter eine lange Reihe großartiger Schiffe hervor, deren Schönheit, Eleganz und Geschwindigkeit die Welt in ihren Bann zogen und die nacheinander die krönende Auszeichnung – das Blaue Band des Nordatlantik – errangen.

Nie wieder werden Schiffe wie diese den Nordatlantik überqueren. Die Welt ist ärmer, seit es sie nicht mehr gibt. Dieses Buch erzählt ihre Geschichte.

Juli 1973 Tom Hughes

Die Pioniere
1818 bis 1839

GREAT WESTERN

Sieben nach heutigen Begriffen kleine Schiffe waren die ersten Dampfer, die den Atlantik überquerten. Sie straften damit alle Skeptiker Lügen, die eine Atlantiküberquerung mit Dampfschiffen beim damaligen Stand der Technik für unmöglich hielten. Lediglich auf Flüssen und in der Küstenfahrt hielt man einen Dampferverkehr für denkbar, völlig ausgeschlossen schien er jedoch auf der 3000-Meilen-Route über den Nordatlantik. Allein der durch den hohen Kohleverbrauch bedingte Verlust an Laderaum würde jede Aussicht auf Erfolg ausschließen. Die sieben Pionierdampfer bewiesen jedoch das Gegenteil.

Die erste Überfahrt eines Schiffes, das mit einer Hilfs-Dampfmaschinenanlage ausgestattet war, machte der amerikanische Raddampfer »Savannah« im Mai 1819. Die 1818 als Segler auf der Werft von Crocker & Fickett in Corclears Hook im Staate New York auf Stapel gelegte »Savannah« war ursprünglich für den Dienst zwischen New York und Le Havre bestimmt.

Noch während der Bauzeit wurde sie von Kapitän Moses Rogers gekauft, der früher einmal kleine Raddampfer, einschließlich der berühmten »Clermont«, auf dem Hudson geführt hatte, und der sich nun mit der kürzlich gebildeten Savannah Steam Ship Company zusammengetan hatte. Zweck des Ankaufs der »Savannah« war, die Dampfkraft entweder als Hilfs- oder als Hauptantriebsmittel auf Seeschiffen für die Fahrt auf dem Atlantik einzuführen. –

Die »Savannah« war ein hölzernes Schiff mit drei hohen Masten und einem langen, geschwungenen Bugspriet. Sie lief am 22. August 1818 von Stapel und wurde anschließend mit einer von Stephen Vail, Morristown/New Jersey, gebauten 90 PS Einzylinder-Hilfsmaschine ausgerüstet. Den Dampf lieferten zwei Niederdruck-Kupferkessel, und als Schornstein wurde ein sogenanntes Rauchrohr eingebaut, das am oberen Ende mit einem beweglichen Arm versehen war, der jeweils so gedreht werden konnte, daß er Rauch und Funken von der immerhin beträchtlichen Segelfläche ablenkte. Die beiden Seitenräder der »Savannah« von je 4,6 m Durchmesser waren so konstruiert, daß sie wie ein Fächer zusammengefaltet und an Deck gestaut werden konnten. Die Hauptabmessungen der 320 BRT großen »Savannah« waren: Länge über alles 33,5 m; Länge zwischen den Loten 30,0 m; Breite 7,8 m; über die Seitenräder 11,0 m; Raumtiefe 4,3 m.

Vor Staten Island absolvierte die »Savannah« im März 1819 erfolgreiche Probefahrten und verholte dann in ihren Heimathafen. Der ursprüngliche Plan, sie im Küstendienst zu beschäftigen, wurde angesichts einer sich ausbreitenden wirtschaftlichen Depression aufgegeben. Schließlich wurde der Entschluß gefaßt, das Schiff in Europa zum Verkauf anzubieten.

Am 19. Mai 1819 erschien die erste Zeitungsanzeige über die Abreise eines Dampfschiffs nach Europa im »Savannah Republican«: »Das Dampfschiff ›Savannah‹, Kapitän Rogers, wird morgen, am 20., direkt nach Liverpool auslaufen.« Tatsächlich lief sie allerdings erst am 24. Mai aus. Sie hatte sehr wenig Ladung. Der größte Teil des verfügbaren Raumes wurde für die benötigten 75 Tonnen Kohle und 25 Bündel Holz gebraucht. Passagiere hatten nicht gebucht. 24 Tage später, am 17. Juni, wurde sie vor Cape Clear, Irland, als »in Brand geratenes Schiff« gemeldet. Der britische Marinekutter »Kite« lief eilends aus, um einem anscheinend in Seenot geratenen Schiff zu helfen. Schließlich stellte Kapitän Rogers am 18. Juni fest, daß er mit seinem Brennstoff am Ende war. Die Eintragung in seinem Logbuch lautete: »No cole (sic) to get up steam« (Keine Kohle zum Dampf aufmachen). Er lief zur Brennstoffergänzung Kinsale an und ging von dort nach Liverpool, wo die Ankunft der »Savannah« am 20. Juni großes Aufsehen erregte. Ihre Überfahrt von Savannah hatte 29 Tage und 11 Stunden gedauert. Während dieser Zeit hatten ihre Maschinen 85 Stunden gelaufen, und zwar nur dann, wenn der Wind so flau war, daß die Geschwindigkeit des Schiffes unter 4 Knoten absank.

Es ist vorgebracht worden, daß die »Savannah« in erster Linie ein Segelschiff war, das eine nur wenig benutzte Hilfsmaschine besaß. Deshalb sei ihr Anspruch, als erster Dampfer den Atlantik überquert zu haben, zu unrecht erhoben. Aber angesichts der Tatsache, daß noch viele Jahre lang Nordatlantik-Dampfer sich in erheblichem Umfang ihrer Segel bedienten, wenn sich die Gelegenheit dazu bot, wäre es ungerecht und kleinlich, die »Savannah« nicht zu den Schiffen zu zählen, die den Atlantik unter Dampf überquerten.

14 Jahre vergingen, bevor ein zweites Dampfschiff die Reise über den Nordatlantik wagte. Es war der kanadische Raddampfer »Royal William«, dessen Bau durch die kanadische Regierung in der Absicht subventioniert worden war, die Handelsverbindung zwischen der alten französischen Provinz über den St. Lorenz-Strom und den britischen Provinzen über See enger zu gestalten. Unterhaltung und Bereederung des Schiffes lagen in den Händen der Quebec and Halifax Steam Navigation Company, die eigens zu diesem Zweck gegründet worden war. Die Gesellschaft hatte 235 Anteilseigner, darunter einen Schiffsreeder aus Halifax, namens Samuel Cunard.

Die »Royal William« war ein hölzernes, schonergetakeltes Schiff mit drei Masten und festem Bugspriet, gebaut bei Black and Campbell in Quebec nach den Rissen und unter Bauaufsicht des Konstrukteurs James Goudie, eines jungen Kanadiers, der sein Handwerk bei Simmons in Greenock gelernt hatte. Der Kiel der »Royal William« wurde im September 1830 gestreckt; der Stapellauf fand am 29. April des folgenden Jahres statt und wurde als ein nationales Ereignis gefeiert. Lord Aylmer, der erste Gouverneur, war in Vertretung König Williams des IV. zugegen, auf dessen Namen das Schiff getauft wurde. Der Bürgermeister von Quebec erklärte den Tag zum nationalen Feiertag. Tausende versammelten sich am Ufer, um zu sehen, wie Lady Aylmer das Schiff taufte. Eine Ehrengarde und die Kapelle des 32. Fußregiments hatten auf der Werft neben dem Helgen Paradeaufstellung genommen, und die Kanoniere der in der Zitadelle von Quebec stationierten königlichen Artillerie feuerten Salut, als die »Royal William« ins Wasser glitt. Nach ihrem Stapellauf wurde das Schiff den St. Lorenz-Strom nach Montreal hinaufgeschleppt, wo die Seitenhebelmaschinen von Bennet & Henderson eingebaut wurden. Die Maschinen hatten zwei Zylinder und entwickelten etwa 300 PS. Die Geschwindigkeit betrug ca. 8 Knoten. Die Kolbenschäfte waren in den Robert-Napier-Werken in Glasgow geschmiedet worden; ein Name, der in der Geschichte des Blauen Bandes berühmt werden sollte. Die Hauptabmessungen der »Royal William« waren: Länge über alles 53,6 m; zwischen den Loten 48,8 m; Breite 8,5 m; Breite über Radkästen 13,4 m; Raumtiefe 5,3 m.

Die Einrichtung wurde als geschmackvoll und elegant beschrieben und war für 50 Passagiere in der Kabinenklasse und 80 im Zwischendeck ausgelegt. Die Kosten des Schiffes wurden auf 16 000 englische Pfund geschätzt.

Am 24. August 1831 verließ die »Royal William« Quebec auf ihrer Jungfernfahrt nach Miramichi, Prince Edward Island und Halifax/Neu Schottland. Sie beendete drei solche Rundreisen, ehe der St. Lorenz-Strom einfror und die »Royal William« aufgelegt werden mußte. Die Hoffnung, den erfolgreichen Dienst im Frühling 1832 wieder aufnehmen zu können, verwirklichte sich nicht. Eine Choleraepidemie hatte sich über ganz

Kanada verbreitet und brachte in Quebec die Geschäfte buchstäblich zum Stillstand.

Die »Royal William« machte in diesem Jahr eine Reise, wurde aber durch die Quarantänevorschriften so behindert, daß ihre Eigentümer im August am Rand des Bankrotts standen und keine andere Wahl hatten, als das Schiff aufzulegen und zum Verkauf auszuschreiben.

So erwarb im Frühjahr 1833 eine Gruppe von sechs der ursprünglichen Anteilseigner – Cunard gehörte nicht zu ihnen – das Schiff und setzte es als Flußdampfer ein. Eine Reise machte die »Royal William« nach Boston, wohin sie am 4. Juni auslief und wo sie am 17. Juli als erster Dampfer unter britischer Flagge, der einen Hafen der Vereinigten Staaten anlief, großartig willkommen geheißen wurde.

Bei ihrer Rückkehr nach Quebec entschieden sich ihre Eigner dafür, das Schiff nach England zu verkaufen und kündigten seine Abreise nach London für den 1. August in der Zeitung an. Preis der Überfahrt »20 Pfund, Weine nicht eingeschlossen«.

Am 4. August um 5 Uhr früh dampfte die »Royal William« unter dem Kommando von Kapitän MacDougall von Quebec nach Pictou in Neu Schottland, wo sie einige Tage zum Nachbunkern und zur Ergänzung ihrer Vorräte liegen blieb, ehe sie schließlich am 17. August auslief. Ihre Ausklarierung beim Zoll von Pictou lautete:

Name: »Royal William«, 363 BRT, 36 Mann. Bestimmt nach: London.

Ladung bestehend aus 254 Chaldrons Kohle (etwa 330 t), ein Behälter mit ausgestopften Vögeln, 6 Schiffsstengen, 1 Behälter, 10 Schiffskoffer, 1 Partie Hausrat, 1 Harfe.

7 Passagiere, alle britisch.

Die »Royal William« traf bald auf schlechtes Wetter. Ein schwerer Sturm vor den Neufundland-Bänken beschädigte ihren hölzernen Rumpf erheblich. Das Schiff wurde leck; die Steuerbordmaschine fiel aus. Zum Glück für Passagiere und Besatzung war der Kapitän ein Seemann von großer Erfahrung und persönlichem Mut. Er beorderte alle Mann an die Pumpen, hielt an seinem Kurs fest und schaffte es, das Schiff 10 Tage lang allein mit der Backbordmaschine auf Kurs zu halten! Als das Wetter aufklarte, wurden die erforderlichen Reparaturen ausgeführt, und am 6. September lief Kapitän MacDougall in Cowes, Isle of Wight, ein, um Kohlen, Proviant und Frischwasser zu ergänzen. Dann ging das Schiff nach London, wo es am 12. September, etwas über 25 Tage nach Auslaufen von Pictou, einlief – zur Freude der Beobachter an der Themse, »indem sie in feinem Stil nach Gravesend hinaufdampfte.« Kapitän MacDougall soll für die »Royal William« gefordert haben, »daß sie gerechterweise als erster Dampfer angesehen werden muß, der den Atlantik überquerte, da sie den ganzen Weg hinüber gedampft ist.« Dieser Anspruch ist jedoch bestritten, da es nach seinen eigenen Worten notwendig war, die Maschinen jeden vierten Tag zwischen 24 und 26 Stunden zu stoppen, um das Salz aus den Kesseln zu entfernen. Vermutlich wurden während dieser Zeit Segel gesetzt, und sei es nur, um das Schiff auf Kurs zu halten.

Ebenso wie die »Savannah« überquerte die »Royal William« nur ein einziges Mal den Atlantik. Sie kam nie wieder nach Kanada zurück. 10 Tage nach ihrer Ankunft auf der Themse wurde sie von der portugiesischen Regierung als Transporter gechartert und ein Jahr später, am 10. September 1834, für 10 000 Pfund an die spanische Regierung verkauft. Sie wurde zum Kriegsschiff umgerüstet, auf den Namen »Ysabell Segunda« umgetauft und war der erste Dampfer der spanischen Marine. Es ist bezeichnend für Kapitän MacDougalls Ruf als Seemann, daß ihm die spanische Regierung anbot, mit Rang und Löhnung eines Commanders auf dem Schiff zu bleiben. MacDougall nahm an.

Die historischen Reisen der »Savannah« und der »Royal William« – besonders der letzteren – hatten bewiesen, daß Dampfschiffe in der Lage waren, den Nordatlantik zu überqueren. Sie hatten zugleich aber auch gezeigt, daß in Konstruktion und Maschineneinrichtung viel zu tun blieb, ehe solche Reisen wirtschaftlich und allgemein üblich werden konnten. Erst 1838 kam der lang erwartete Durchbruch. In diesem denkwürdigen Jahr bildeten sich drei neue britische Dampfschiffahrts-Gesellschaften, die fast gleichzeitig ihre Pionierschiffe auf dem Atlantik in Dienst stellten. Diese drei Gesellschaften waren die British and American Steam Navigation Company in London, die Great Western Steam Ship Company in Bristol und die Transatlantic Steam Ship Company in Liverpool.

Anfangs wurden fünf Dampfschiffe eingesetzt, von denen die ersten drei speziell für den Transatlantik-Dienst gebaut worden waren – die »British Queen« der British and American Steam Navigation Company, die »Great Western« der Great Western Steam Ship Company und die »Liverpool« der Transatlantic Steam Ship Company. Die beiden übrigen waren kleine Dampfer, die normalerweise im Dienst zwischen England und Irland eingesetzt waren. Sie hießen »Royal William«, in Charter für die Transatlantic Steam Ship Company in Liverpool, und »Sirius«, gechartert von der British and American Steam Navigation Company in London. Diese »Sirius« war das erste Schiff, das den Atlantik mit ununterbrochenem Einsatz seiner Maschine überquerte.

Als hölzerner Raddampfer von 703 BRT 1837 bei Robert Menzies & Son in Leith für den Dienst zwischen London und Cork gebaut und von der St. Georges Steam Packet Company betrieben, besaß sie eine Seitenhebelmaschine von 320 PS mit 2 Zylindern. Der Dampfdruck wurde in Kesseln erzeugt, für deren Betrieb 24 Tonnen Kohle pro Tag nötig waren. Eine Besonderheit der Maschinenanlage war der Einbau der neuen, von Samuel Hall erfundenen Oberflächenverdampfer, die es ermöglichten, die Kessel mit Frischwasser zu speisen. Die Geschwindigkeit betrug 9 Knoten. Als Galionsfigur trug das Schiff am

Bug einen Hund, der den »Hundsstern«, Sirius, zwischen den Pfoten hielt.

Im August 1837 in Dienst gestellt, lief die »Sirius« zunächst bis März 1838 im Liniendienst zwischen London und Cork. Dann wurde sie von der British and North American Steam Packet Company als Ersatzschiff für die »British Queen« gechartert, deren Fertigstellung durch den Bankrott der für die Maschinenanlage verantwortlichen Firma verzögert worden war. Unter dem Kommando des Marineleutnants Roberts verließ die »Sirius« London am 28. März 1838 mit Kurs auf Passage Quai bei Cork, das später als Queenstown bekannt wurde. Dort bunkerte sie 450 Tonnen Kohle, nahm Proviant und schiffte 44 Passagiere ein. Ihre Besatzung bestand aus 37 Mann, einschließlich zweier Jungen, einer Stewardess und eines Aufwärters.

Am 3. April, 10.30 Uhr, lief die »Sirius« zu ihrer Reise nach New York aus. Für Leutnant Roberts sollte sich die Reise als eine gefahrvolle Unternehmung erweisen, nicht nur wegen des stürmischen Wetters – sein Logbuch berichtet von schwerer See, Stürmen, Hagel und Schnee – sondern weil seine deswegen von Furcht erfüllte und entnervte Besatzung drauf und dran war, zu meutern. Es gelang ihm jedoch, die Disziplin aufrechtzuerhalten, so daß am 22. April abends die »Sirius« vor der Battery von New York vor Anker gehen konnte. Das Schiff hatte auf dieser Reise 2897 Seemeilen zurückgelegt. Als beste Tagesleistung wurden 220, als schlechteste 85 Seemeilen gemessen. Die Durchschnittsgeschwindigkeit betrug 6,7 Knoten.

Am nächsten Morgen, dem 23. April, dampfte die »Sirius« in den New Yorker Hafen. Hier wurde dem Schiff der erste jener hinreißenden Empfänge zuteil, die dann allen neuen Transatlantik-Schiffen bereitet wurden und die eine Tradition dieses großen Hafens werden sollten.

An diesem 23. April wurde die Begeisterung noch größer, als wenige Stunden nach der Ankunft der »Sirius« die »Great Western« in New York einlief. Das unter dem Befehl von Kapitän James Hosken stehende Schiff hatte Bristol am 8. April, fünf Tage nach der »Sirius«, verlassen. Seine Reise hatte 15 Tage gedauert bei einer Durchschnittsgeschwindigkeit von 8,2 Knoten.

In einem Kommentar über die Ankunft dieser beiden Pionier-Dampfschiffe schrieb der »Courier and Enquirer« am 24. April: »Was bei dieser aufregenden Geschichte schließlich herauskommen mag, ob die Kosten für Ausrüstung oder Brennstoff die Beschäftigung dieser Schiffe im normalen Postdienst zulassen werden, darüber eine Meinung zu bilden, steht uns nicht zu. Daß es jedoch eindeutig möglich ist, die Atlantiküberquerung in Sicherheit, Bequemlichkeit und mit pünktlicher Abfertigung zu vollbringen, selbst bei schlechten und höchst ungestümen Wetterbedingungen, daran kann selbst der skeptischste Beobachter nicht länger zweifeln.«

Die »Sirius«, im Glanz ihres Triumphes, begann ihre Rückreise von New York am 1. Mai und erreichte Falmouth nach einer weiteren Sturmreise abends am 18. Mai. Überhäuft mit Ehren, einschließlich der Ehrenbürgerrechte von London und Cork, und zahlreichen Geschenken wurde Leutnant Roberts, ihr Kapitän, zur besonderen Verwendung der britischen Königin kommandiert. Die »Sirius«, die brav alles geleistet hatte, was von ihr verlangt worden war, wurde aus dem Atlantikdienst gezogen und kehrte zu ihrer weniger abenteuerreichen Routine im Küstendienst zwischen London und Cork zurück.

Die »Great Western« lief zu ihrer Rückreise von New York nach Bristol am 7. Mai mit 68 Passagieren und 10 000 Briefen an Bord aus. Wenn sie auch nicht als erster Dampfer von Europa nach New York gelaufen war, so hatte sie doch die schnellste Reise gemacht. Sie war das hervorragendste der Pionier-Dampfschiffe im Transatlantik-Dienst. Der geniale Ingenieur Isambard K. Brunel hatte sie ganz bewußt dafür konstruiert, die harten Beanspruchungen der Nordatlantik-Route auszuhalten.

Die »Great Western« war als besonders starkes hölzernes Schiff bei William Patterson in Bristol am 19. Juli 1837 von Stapel gelaufen. Fast fertiggestellt, wurde sie nach London geschleppt, um hier ihre Zweizylindermaschine zu bekommen, die von Maudslay Sons and Field konstruiert war. Der Kohleverbrauch belief sich auf 33 Tonnen pro Tag. Bei 750 PS war eine Geschwindigkeit von 9 Knoten vorgesehen. Den Höhepunkt des Luxus für ihre Fahrgäste bildete ihr Hauptsalon, mit 23 m Länge, 6,5 m Breite und fast 3 m Höhe der größte bis dahin auf einem Schiff gebaute Raum.

Die Hauptdaten der »Great Western« waren: 1320 BRT; 680 NRT; Länge über alles 72,0 m; Länge zwischen den Loten 64,6 m; Breite 10,4 m; Breite über Radkästen 17,7 m; Raumtiefe 7,1 m.

Nach ihrer erfolgreichen Jungfernreise blieb die »Great Western« acht Jahre im Dienst ihrer Reederei und machte in dieser Zeit nicht weniger als 64 Rundreisen zwischen Bristol und New York. Sir John Rennie, ein berühmter Schiffbauingenieur, sagte über dieses großartige Schiff, daß der Erfolg ihrer Jungfernfahrt, der die lebhaftesten Erwartungen ihrer Eigner und Erbauer, ja der ganzen Welt, übertroffen habe, für die weitere Ausbreitung der Dampfschiffahrt keine Grenzen mehr erkennen lasse.

Die Leistungen der »Sirius« und »Great Western« ließen die Erwartungen keineswegs abebben. London hatte die »Sirius«, Bristol die »Great Western« herausgebracht. Nun war Liverpool an der Reihe, wo die Transatlantic Steam Navigation Company letzte Hand an ihre Pläne legte. Für den Anfang charterten die Direktoren den Raddampfer »Royal William« von der City of Dublin Steam Packet Company. Das bis dahin im Passagier- und Postdienst zwischen Liverpool und Kingstown (Dublin) eingesetzte hölzerne Schiff war 1837 von William und Thomas Wilson in Liverpool gebaut worden. Nun fuhr es als erster Dampfer von Liverpool nach New York. Sie war das kleinste Schiff, das den ganzen Weg über den Atlantik unter Dampf zurückgelegt hatte. Eine Besonderheit ihrer Konstruktion war, daß ihr Rumpf von vier wasserdichten Querschotten in getrennte Räume geteilt war, was – wie betont wurde – den Passagieren viel Sicherheit und Bequemlichkeit gegeben habe. Ihre von Fawcett and Preston in Liverpool konstruierte Antriebsmaschine mit 2 Zylindern leistete 400 PSi. Die Geschwindigkeit betrug 11 Knoten. Für die 80 Passagiere waren geräumige Salons und Kabinen vorgesehen.

Die Ausreise der »Royal William« unter Leutnant Swainson von der Royal Navy, direkt nach New York für einen Fahrpreis von 35 Guineas, »Wein und alle Verpflegung eingeschlossen«, wurde öffentlich angekündigt und schloß mit einer Anmerkung, die den Touristenverkehr nach Amerika um viele Jahre vorwegnahm: Die »Royal William« wird 10 Tage in New York bleiben, um den Reisenden Gelegenheit zu geben, die prachtvolle Szenerie des Hudson-River und die berühmten Niagara-Fälle zu besuchen. Ihre Rückreise von New York wird daher bis zum 29. Juli verschoben werden.«

Am Abend des 5. Juli 1838 versammelten sich Tausende von Menschen an den Ufern des Mersey, um der »Royal William« zum Abschied zuzuwinken und ihr Grüße und Wünsche für ihre weite Seereise mitzugeben. Es war, als ahnten sie die Bedeutung dieses Ereignisses für die Zukunft ihres Hafens. Zeitgenössische Berichte erzählen, wie aus »Kanonen Salut für das tapfere Schiff geschossen wurde, daß es mit 410 Tonnen Kohle so tief beladen war, daß die Radschaufeln 2 m tief ins Wasser reichten und daß es möglich war, wenn man sich über die Reeling beugte, sich im Wasser die Hände zu waschen – ein etwas beunruhigendes Experiment für ihre 32 Passagiere, die die unbekannten Schrecken des Nordatlantik erst noch vor sich hatten.« Die schlimmsten Befürchtungen wurden rasch Wirklichkeit. Der Nordatlantik nahm den Neuling ungastlich auf. Die »Royal William« hatte während der ganzen 19 Tage dauernden

Reise Stürme zu bestehen. Ihr Kohleverbrauch betrug 351 Tonnen. Auf ihrer Heimreise verließ die »Royal William« New York am 4. August und brauchte bei besserem Wetter 14 Tage und 12 Stunden für die Überfahrt.

In der Zwischenzeit hatten sich die Direktoren nach einem Schiff umgesehen, das die kleine »Royal William« ersetzen könnte. Sie fanden es in der »Liverpool«, die am 14. Oktober 1837 auf der Werft von Humble and Milcrest in Liverpool vom Stapel gelaufen war. Sie war ein hölzernes Schiff von 1150 BRT, ursprünglich von Sir John Tobin, einem Reeder und Kaufmann in Liverpool, in Auftrag gegeben. Tobin war an der Transatlantic Steam Ship Company beteiligt und gab sein Einverständnis, daß diese die »Liverpool« für ihren New York-Dienst ankaufte.

Mit ihrer Indienststellung im Oktober 1838 brachte die »Liverpool« einen »New Look« auf den Atlantik. Nicht nur, daß sie der erste Atlantikdampfer mit zwei Schornsteinen war; ihre Eleganz und die dekorative Ausführung ihrer Passagiereinrichtungen machten sie in vieler Hinsicht zur Vorläuferin der großen »schwimmenden Hotels«, die in den kommenden Jahren den Atlantikdienst beherrschen sollten. Die »Liverpool« begann ihre Jungfernreise unter Leutnant Fayrer vom Mersey nach New York am 20. Oktober 1838 mit 50 Passagieren, 150 Tonnen Ladung und 563 Tonnen Kohle. Die Reise stand nicht gerade unter günstigen Vorzeichen. Nachdem das Schiff sechs Tage in See gewesen war, bekam es der Kapitän wegen des rapiden Schwindens seiner Kohlevorräte mit der Angst zu tun und kehrte zum Nachbunkern nach Cork zurück. Am 6. November lief die »Liverpool« abermals nach New York aus, wo sie nach 16 Tagen und 17 Stunden (Durchschnittsgeschwindigkeit von 7,9 Knoten) einlief. Alles in allem hatte die »Liverpool« 26 Tage in See zugebracht. Die dreimastige, hölzerne »Liverpool« wurde von einer Seitenhebelmaschine der A. Forrester Company, Liverpool, angetrieben, die aus 2 Zylindern 468 PSn entwickelte. Die Hauptdaten des Schiffes waren: 1150 BRT; 560 NRT; Länge über alles 73,1 m; Länge zwischen den Loten 68,0 m; Breite 9,3 m; über Radkästen 17,1 m; Raumtiefe 6,4m. Unglücklicherweise entsprachen ihre Seeigenschaften nicht dem Luxus der Passagiereinrichtungen. Die »Liverpool« erwies sich in schwerem Wetter, sehr zum Mißbehagen ihrer Passagiere, als ein sehr »nasses« Schiff. Sie war außerdem bedeutend langsamer als die »Great Western«.

Das siebte und letzte Pionier-Dampfschiff war die »British Queen«, die als »besonders schönes Beispiel des Londoner Schiffbaus« beschrieben wird. Die Eleganz ihrer Linien, ihre starke Bauart und die Proportionen ihrer Konstruktion wurden von vielen für unvergleichlich gehalten. Sie war 1836 von der British and American Steam Navigation Company bei Curling and Young in Limehouse, London, bestellt worden. Zur Zeit ihres Stapellaufs, am 24. Mai 1838, war sie das größte Schiff der Welt. Die »British Queen« war als Bark getakelt und trug eine prachtvolle Galionsfigur, die die Queen Victoria darstellte. Anfänglich sollte das Schiff »Princess Victoria« heißen. Königin Victoria trat jedoch während der Bauzeit ihre Thronfolge an, so daß der Name in »British Queen« geändert wurde. Die Hauptdaten dieses größten der Pionierdampfer waren: 1862 BRT; 1053 NRT; Länge über alles 83,8 m; Länge zwischen den Loten 74,7 m; Breite 12,3 m; Breite über Radkästen 19,5 m; Raumtiefe 8,2 m. Einrichtungen für 207 Passagiere. Die Seitenhebelmaschine mit 2 Zylindern leistete 500 PSn für 10,2 Knoten Geschwindigkeit. Die Kessel hatten, wie auf der »Sirius«, Oberflächenverdampfer. Den Auftrag für die Maschinen erhielt anfänglich Claude Girdwood and Co. am Clyde. Die Firma wurde jedoch zahlungsunfähig und die Order auf Robert Napier übertragen. Napier war damals mit anderen Aufträgen voll ausgelastet, was zu Verzögerungen bei Lieferung der Maschinen für die »British Queen« führte. Sehr zum Verdruß ihrer Eigentümer wurde das Schiff nicht vor Sommer 1839 fertig, ein volles Jahr später als vorgesehen. Zu diesem Zeitpunkt hatten »Great Western« und »Liverpool« im Atlantikgeschäft bereits festen Fuß gefaßt.

Erst am 10. Juli 1839 ging die »British Queen« unter Leutnant Roberts, der sich bereits auf der »Sirius« einen Namen gemacht hatte, von London nach Portsmouth, wo sie 220 Passagiere einschiffte, 600 Tonnen Kohle bunkerte und 800 Tonnen Ladung nahm. Am 12. Juli trat sie schließlich ihre erste Reise über den Atlantik an. Nach 15 Tagen, am 27. Juli, traf sie in New York ein.

Ihre Heimreise nach Portsmouth war für den 1. August angesetzt, dem gleichen Tag, an dem die »Great Western« nach Bristol auslaufen sollte. Es war nur natürlich, daß die New Yorker, als sie von der fast gleichzeitigen Abfahrt der beiden Schiffe erfuhren, eine Wettfahrt zwischen ihnen erwarteten. Große Menschenmengen versammelten sich am Ufer, um die Schiffe mit Hurras und Winken zu verabschieden. Vielleicht war dies der Augenblick, in dem der Mythos um das Blaue Band des Atlantik seinen Anfang nahm. Natürlich wurden viele Wetten auf das Ergebnis dieser »Regatta« abgeschlossen. In diesem Falle gewannen die, die auf die erfahrene »Great Western« gesetzt hatten, die am 14. August in Bristol eintraf. 12 Stunden später machte die »British Queen« in Portsmouth fest. Ihre Reederei konnte mit Recht auf das gute Ergebnis dieser Jungfernreise stolz sein.

Von den sieben Schiffen, die die Dampfschiffahrt über den Nordatlantik eingeführt hatten, waren drei übriggeblieben, die »Great Western«, die »Liverpool« und die »British Queen«. Und diese drei konnte man nicht länger als Pioniere bezeichnen: das Dampfschiff war auf dem Atlantik »angekommen«! Diese Tatsache erkannte die britische Admiralität im November 1838, als sie Angebote für die Postbeförderung mit Dampfschiffen über den Nordatlantik einholte. Den Zuschlag erhielt Samuel Cunard, ein in England noch unbekannter kanadischer Reeder.

Zum verständlichen Ärger und zum Mißvergnügen der Great Western Steam Ship Company war deren Angebot zurückgewiesen worden. Sie kann auch nicht viel Trost in der Tatsache gefunden haben, daß Samuel Cunard, mit seinem Postkontrakt in der Tasche, aber im Augenblick noch ohne eigene Schiffe, seine Rückreise nach Kanada auf der »Great Western« buchte.

Cunard setzt den Maßstab
1840 bis 1851

CALEDONIA

Am 4. Juli 1840, um 14.00 Uhr, trat der 1154 BRT große hölzerne Raddampfer »Britannia« der Cunard Line seine Jungfernreise von Liverpool nach Halifax und Boston an. Er war das erste von vier Schwesterschiffen, die die British and North American Royal Mail Steam Packet Company (der offizielle Name des Auftraggebers, der bald zugunsten der populären Abkürzung Cunard Line vergessen wurde) bestellt hatte, um die Bedingungen des Vertrages mit der britischen Admiralität erfüllen zu können, Post zwischen Großbritannien, Kanada und den Vereinigten Staaten per Dampfschiff zu befördern.

Die Jungfernreise der »Britannia« wurde zu einer Triumphfahrt. Sie schaffte die Reise nach Halifax in der Rekordzeit von 12 Tagen und 10 Stunden mit einer Durchschnittsgeschwindigkeit von 8,5 Knoten, zwei Tage vor der festgesetzten Zeit. Nach Ausschiffung ihrer Passagiere und Löschen von Ladung und Post ging sie nach Boston, wo sie am späten Abend des 18. Juli eintraf. Sie hatte damit ihre volle Reise, einschließlich Zeitverlust in Halifax, in 14 Tagen und 8 Stunden gemacht und eine Durchschnittsgeschwindigkeit von 8 Knoten erzielt. Die Heimreise von Boston trat sie am 1. August an und nahm nach kurzem Aufenthalt in Halifax Kurs auf Liverpool, das sie nach 10 Tagen mit einer Durchschnittsgeschwindigkeit von 10,56 Knoten erreichte. Diese bemerkenswerte Leistung macht die »Britannia« zum schnellsten in Fahrt befindlichen Transatlantik-Liner.

Damals war der Begriff »Blaues Band des Atlantik« noch nicht geschaffen, sonst wäre die »Britannia« ohne Zweifel mit diesem bald so begehrten Ehrentitel ausgezeichnet worden. Sie hatte einen Maßstab gesetzt, den zu erreichen oder gar zu überbieten ihren Schwesterschiffen schwerfallen würde. Wenn sie es trotzdem schafften, so ist dies der Erfahrung und dem Können ihrer Erbauer und der Voraussicht Cunards zuzuschreiben. Dieses Quartett war allen anderen Atlantik-Dampfern um eine Klasse voraus. Sie waren die ersten Dampfer, die am Clyde speziell für den Nordatlantik-Dienst gebaut worden waren und eröffneten den ersten regelmäßigen ganzjährigen Passagier- und Frachtdienst über den Atlantik. Ihre Baupläne sahen einen eigenen Postraum vor, für den ein von der Admiralität eigens kommandierter Marineoffizier die alleinige Verantwortung trug. Sie waren endlich die ersten Dampfer, die gemeinsam die schnellen amerikanischen Postsegler herausforderten, die damals die nordatlantischen Schiffahrtsrouten beherrschten. Die erste öffentliche Ankündigung des Atlantikdienstes der Cunard-Line wurde im »Liverpool Mercury« am 3. Juli veröffentlicht und lautete:

»Dampfschiffe von 1200 Tonnen und 440 PS der British and North American Royal Mail Steam Ship Company, eingesetzt von der Admiralität für die Fahrt nach Boston mit Zwischenhafen Halifax, um Passagiere und Königliche Post zu befördern: »Britannia«, Kapitän Woodruff – »Acadia«, Kapitän Miller – »Caledonia«, Kapitän Cleland; Kapitän Ewing wurde unmittelbar darauf mit der Führung der »Columbia« beauftragt.

Die »Britannia« verläßt Liverpool am 4. Juli, die »Acadia« am 4. August. Fahrpreis einschließlich Verpflegung und Getränke bis Halifax 34 Guineas; bis Boston 38 Guineas. Gebühren für den Steward 1 Guinea. Das Dampfschiff »Unicorn« verkehrt zwischen Pictou und Quebec in Abstimmung mit dem Zeitplan der oben genannten Schiffe mit Post und Passagieren. Anfragen an G. und J. Bourns, Glasgow, J. B. Ford, 52 Old

Broad Street, London, oder in Liverpool an D. und C. Mac Iver, 12 Water Street. Die »Britannia« verläßt Coburg Dock am Freitag, dem 3., morgens. Alles schwere Gepäck ist vor diesem Zeitpunkt an Bord anzuliefern. Morgen früh (Sonntag morgen) um 10.00 Uhr wird ein Dampfer beim Egremont Slip an Südende der Prince's Parade zur Einschiffung der Passagiere bereitliegen.«

Auf diese nüchtern-sachliche Art, ohne alles schmückende Beiwerk, wurde die erste Ankündigung eines regelmäßigen Passagier- und Postdienstes über den Nordatlantik veröffentlicht. Es war ein historisches Ereignis, das eine der bedeutendsten technischen und wirtschaftlichen Entwicklungen des 19. Jahrhunderts einleitete: die Entstehung dessen, was in der englisch sprechenden Welt als »The Atlantic Ferry« (der Atlantik-Fährdienst) zum Begriff wurde.

Vier Männer standen hinter dem Bau der »Britannia« und ihrer drei Schwesterschiffe. Drei waren Reeder und Kaufleute: Georges Burns aus Glasgow, David MacIver aus Liverpool und Samuel Cunard aus Halifax, Neu-Schottland.

Der vierte Mann, ohne dessen praktischen Rat und Glauben an die Sache aus dem ganzen Projekt vielleicht niemals etwas geworden wäre, war Robert Napier, Schiffbauer in Glasgow.

Samuel Cunard hatte die ganze Angelegenheit ins Rollen gebracht, als er im Februar 1839 auf eine Anzeige der Admiralität, in der ein regelmäßiger Dampfschiffsdienst für den Posttransport über den Nordatlantik ausgeschrieben wurde, antwortete und ein Angebot machte. Cunard verpflichtete sich, zu den Bedingungen der Admiralität bis zum 1. Mai 1840 für eine jährliche Summe von 55 000 Pfund drei Dampfer zu stellen, und »sollte während der Dauer der Übereinkunft eine Verbesserung in der Dampfschiffahrt eingeführt werden, die die Lords der Admiralität als für den Dienst wesentlich erachten, so verpflichte ich mich, solche Änderungen und Verbesserungen nach den Weisungen der Lords durchzuführen.«

Cunard erhielt den Postvertrag. Sein nächster Schritt war, einen renommierten Schiffbauer zu finden. Er ließ sich von James C. Melville beraten, dem Sekretär der East India Company, für die Cunard kanadischer Agent war. Melville meinte, Cunard könne nichts Besseres tun, als sich an Wood und Napier zu wenden, die bekannte Schiffbauer seien und viele Schiffe für die East India Company konstruiert hätten. Cunard folgte diesem Vorschlag und nahm mit Napier Verbindung auf. Er traf ihn schließlich im März 1839 in Glasgow. Die beiden Männer kamen schnell ins Geschäft, und Napier erklärte sich bereit, die drei Schiffe zu bauen. In der Niederschrift des Vertrages wurde die Tonnage der Schiffe auf 960 BRT, die Maschinenleistung auf 375 PS, der Preis für jedes der drei Schiffe auf 32 000 Pfund festgesetzt. Dieser Vertrag zwischen Cunard und Napier wurde am 18. März 1839 im Büro von Moncrieff & Paterson in Glasgow formell geschlossen und notariell unterzeichnet.

Bis zu diesem Zeitpunkt waren nur zwei Leute beteiligt, Cunard und Napier. Bei seiner Rückkehr nach London beeilte sich Cunard, seine Pläne der Admiralität zu unterbreiten. Am 21. März konnte er an Napier schreiben: »Die Admiralität und das Schatzamt ›seien‹ höchst befriedigt über die Abmessungen der Schiffe.« Er habe »das Verdienst hieran Napier und Mister Wood in gebührender Weise zuerkannt ›und die Überzeugung ausgedrückt‹, daß es die feinsten und besten Schiffe sein würden, die je in diesem Lande gebaut wurden«. »Sie haben keinen Begriff von dem Vorurteil einiger unserer englischen Schiffbauer«, schrieb er weiter. »Ich hatte einige Angebote aus Liverpool und London, und als ich sagte, daß ich in Schottland abgeschlossen habe, antworteten sie übereinstimmend: ›Sie werden weder vernünftige Arbeit bekommen, noch wird ein Termin gehalten werden.‹ Die Admiralität stimmt mit mir jedoch in der Ansicht überein, daß diese Schiffe so gut werden, als seien sie hier im Lande gebaut, und ich habe ihnen die Versicherung gegeben, daß Sie die Termine halten werden.« Am 4. Mai 1839 wurde der Kontrakt zwischen den Lords der Admiralität und Samuel Cunard formell unterzeichnet.

Cunard schrieb jetzt an seine Geschäftspartner in Halifax und Boston, wo seine Nachrichten große Aufregung und Begeisterung hervorriefen.

Noch während Cunard in London war, begann Napier mit den Vorarbeiten zu den drei Schiffen. Je mehr er sich mit dem Projekt befaßte, destomehr gelangte er zu der Überzeugung, daß die Schiffe, wie sie in dem Vertrag beschrieben waren, den Anforderungen, die der Nordatlantik im Winter an sie stellen würde, in der Praxis nicht gewachsen sein konnten. Er kam ferner zu dem Schluß, daß vier größere und stärkere Dampfer gebraucht werden würden, wenn der vereinbarte Postfahrplan der Admiralität das ganze Jahr hindurch eingehalten werden sollte. Er schrieb an Cunard und wies darauf hin, daß das Ergebnis sich sehr wohl als schwerer Fehlschlag erweisen könnte, wenn sie an dem Originalvertrag vom 18. März 1839 festhalten würden. Napiers Argumente wurden noch durch einen Brief bestärkt, den Cunard von einem seiner Freunde, dem stellvertretenden Generalpostmeister von Quebec, erhalten hatte. Der wies darauf hin, daß für einen erfolgreichen Dienst mindestens vier Schiffe gebraucht würden, um feste Abfahrtzeiten von Halifax ebenso wie von Liverpool garantieren zu können. Cunard sandte diesen Brief an die Admiralität mit der Aufforderung, zusätzliche 5000 Pfund als Zuschuß zu den Kosten des vierten Schiffes zu bewilligen, die auf 43 000 Pfund geschätzt wurden.

Diese unerwartete Entwicklung stürzte Cunard in eine ernste Krise, da er sich bereits bis an die Grenzen seiner finanziellen Möglichkeiten engagiert hatte. In diesem Dilemma wandte er sich wieder an Melville, der ihm riet, mit Napier seine finanzielle Lage offen und freimütig zu besprechen. Napier nahm diese Ausführungen freundlich auf, blieb aber bei der Auffassung, daß der einzige Weg zum Erfolg im Bau von vier größeren und stärkeren Schiffen liege. Er erklärte Cunard, daß er gerne bei der Finanzierung des Projektes helfen und Cunard mit Reedern und Kaufleuten in Glasgow in Verbindung bringen wolle, die bereit seien, das erforderliche Kapital zu zeichnen. Unter diesen waren die Reeder Burns und MacIver, die beträchtliche praktische Erfahrung in der Küstendampfschifffahrt hatten. Am 10. Mai traf Cunard Georges Burns, der später berichtete: »Es dauerte nicht lange, bis ich wußte, um was es ging, und ich behandelte den Vorschlag mit Wohlwollen. Ich lud Cunard ein, mit mir und David MacIver zu essen, der damals Glasgower Agent für die City of Glasgow Steam Packet Company war. Ich unterbreitete MacIver den Vorschlag, doch er war gänzlich dagegen und riet mir, nach dem Dinner Cunard zu sagen, daß diese Angelegenheit nichts für uns sei. Unser Dinnergespräch führte zu nichts. Mr. Cunard lud uns ein, am nächsten Morgen mit ihm und Robert Napier in Napiers Haus zu frühstücken. Wir kamen dort zur verabredeten Zeit zusammen, und nachdem wir Einzelheiten besprochen hatten, sagte ich Mr. Cunard, daß ich ein Objekt von solcher Größe kaum anpacken könnte, ohne weitere Freunde für eine Beteiligung zu gewinnen, und daß wir es nicht für fair halten würden, ihn hinzuhalten. Wir würden ihm daher freistellen, andere Bindungen einzugehen. Er antwortete: »Wie lange werden Sie brauchen, um festzustellen, was sie beisteuern können?« Ich antwortete: »Vielleicht einen Monat«, und er sagte: »Gut, dann warte ich.«

Noch am selben Tage machte ich mich auf den Weg und sprach zuerst mit Mr. Connal, der damals an der Spitze einer großen Firma stand, die sich mit Vertretungen und anderen Dingen befaßte. Mister Connal antwortete: »Ich verstehe überhaupt nichts von Dampfschiffahrt, aber wenn Sie etwas davon halten, so mache ich mit.«

Am 14. Mai wurde dann ein vorläufiger Vertrag aufgesetzt und unterzeichnet, in dem George Burns und David MacIver von Cunard mit 50 Prozent an seinem Postvertrag und an den

Dampfschiffen beteiligt wurden. Der Preis, den Burns und MacIver für diese Beteiligung zahlten, belief sich auf 25 000 Pfund und umfaßte das Recht, weitere Partner an ihrem Anteil zu beteiligen, was später auch ausgeübt wurde.

Cunard konnte nun Napier anweisen, nach seinen neuen Vorschlägen weiterzuarbeiten. Die Zahl der Schiffe wurde auf vier, die Abmessungen auf 1200 BRT und 420 PS erhöht. Die Admiralität wurde von der veränderten Lage in Kenntnis gesetzt, eine Gelegenheit, die Cunard gleich nutzte, um die Forderung Bostons durchzusetzen, den Dienst auf diesen Hafen auszudehnen. Die Regierung stimmte zu und erhöhte in Anbetracht der dafür nötigen größeren Flotte die jährliche Vergütung von 55 000 auf 60 000 Pfund. Der Kiel des ersten Schiffes, der »Britannia«, wurde auf der Werft von Robert Duncan in Greenock gestreckt, die Verträge für die drei anderen Schiffe, »Acadia«, »Caledonia« und »Columbia« wurden an John Wood, Charles Wood und Robert Steele, alles bekannte Schiffbauer am Clyde, vergeben. Robert Napier trug die Verantwortung für die maschinelle Ausrüstung der vier Schwesterschiffe. Ihre Hauptabmessungen waren: 1156 BRT, 619 NRT; Verdrängung 2050 Tonnen; Länge über alles 69,5 m; Länge zwischen den Loten 63,1 m; Breite über Radkästen 17,1 m; Raumtiefe 6,8 m.

Die Schiffe hatten zwei Decks, drei Masten, Spiegelheck, Klipperbug und einen Schornstein. Die Besatzung war 89 Mann stark. Die Offizierskammern lagen auf dem Oberdeck, die Passagiereinrichtungen bestanden aus einem Speisesaal und Kabinen für 115 Personen auf dem Hauptdeck. Die Ausstattung war angemessen, aber keineswegs luxuriös. Die Schiffe wurden von zweizylindrigen Seitenhebelmaschinen angetrieben. Ihre 750 PSi gaben den Dampfern über Seitenräder von 8,5 m Durchmesser 8,5 Knoten Geschwindigkeit.

Als das erste Schiff in Dienst gestellt wurde, erhielt der rote Schornstein eine schwarze Kappe. Erst 1850 wurden die bekannten drei dünnen schwarzen Ringe um den Schornstein ein-

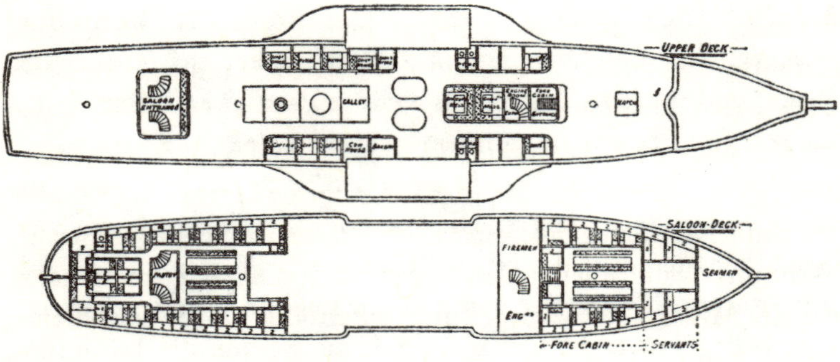

Plan des Salon- und Oberdecks
des ersten Cunard Dampfers »Britannia«.

geführt. Anfangs führten die Cunard-Schiffe auch noch nicht die Hausflagge mit dem goldenen Löwen; stattdessen hißten sie zwei Wimpel, einen blauen mit einem weißen liegenden Kreuz an der Liekseite über einem roten Stander. 1850 wurde ein blauer Stander mit einem großen weißen Stern Reedereiflagge. Erst 1880, anläßlich der formellen Gründung der Cunard Steam Ship Company, wurde die weltberühmte rote Flagge mit dem rückwärtsblickenden, gekrönten Löwen, der eine Weltkugel trägt, eingeführt.

Die »Britannia« lief am 5. Februar 1840 im Beisein einer großen Zahl von Gästen und Zuschauern vom Stapel. Unter ihnen Samuel Cunard, der eigens von Halifax gekommen war. Die Taufe wurde von Miss Isabella Napier, einer Nichte Robert Napiers, in würdiger Weise vollzogen.

Das Ereignis wurde im Glasgow-Kurier vom 6. Februar ausführlich gewürdigt. Der Artikel begann: »Wir haben heute von einem Ereignis zu berichten, das voraussichtlich insofern einen Markstein in den Annalen dieses Landes bedeuten wird, als es den Anfang einer neuen Art von Verbindung zwischen der Alten und der Neuen Welt darstellt, die beide einander um die Hälfte der bisherigen Reisezeit näherbringt. Der Stapellauf des Dampfschiffs »Britannia«, der gestern bei der Werft von Duncan and Co. in Greenock stattfand, war ein allgemein interessierendes Ereignis. Deswegen bedauern wir auch nicht, nach Greenock gefahren zu sein, um zuzuschauen und mit unseren wärmsten Glückwünschen dabei zu sein. Der Stapellauf eines gut gebauten und seefähigen Schiffes ist immer ein erfreulicher und höchst befriedigender Anblick; noch nie aber haben wir bei ähnlichen Gelegenheiten ein so großes Interesse vermerkt. Nicht unerwähnt bleibe, daß das Schiff von einer Dame getauft wurde, Miss Isabella Napier, und zweifellos wurde sein Name deshalb nur um so freudiger aufgenommen.«

Am 16. Juni dampfte die »Britannia« fertig ausgerüstet vom Clyde zum Mersey und ging ins Coburg-Dock.

Sie übernahm am 3. Juli Gepäck und Post, wurde aus dem Dock geschleppt und ging in der Mitte des Mersey gegenüber Laird's Werft in Birkenhead vor Anker. Am nächsten Tag brachte ein Flußdampfer die 63 Passagiere zum Schiff. Unter Kapitän Woodruff begann die »Britannia« um 14.00 Uhr ihre Jungfernreise. Es war ein nasser, unfreundlicher Tag, und es wehte ein starker Südwest, als das Schiff den Mersey hinunter und in die freie See hinausging.

Gemäß Fahrplan sollte Kapitän Woodruff am 20. Juli in Halifax eintreffen; tatsächlich erreichte er den Hafen schon am 17. Die Halifaxer Zeitung »Haligonian« konstatierte, »daß der Erfolg der Jungfernfahrt der »Britannia« eine neue Ära in der Transatlantik-Fahrt eröffnet, nicht nur für unsere Stadt, sondern für die ganze nordamerikanische Seeküste.«

Der »Britannia« wurde die ungewöhnliche Ehre zuteil, daß die in dem kanadischen Hafen stationierte Fregatte »Winchester« für sie einen Salut schoß. Nach einem achtstündigen Aufenthalt ging die »Britannia« weiter nach Boston, wo sie am 18. Juli um 22.00 Uhr nach einer Gesamtreisedauer von 14 Tagen und 8 Stunden ab Liverpool eintraf. Die Ankunft in Boston war Anlaß zu weiteren bemerkenswerten Begeisterungsbekundungen. Ungeachtet ihrer späten Ankunft wurde sie von dem Rettungskutter »Hamilton« an ihren Liegeplatz eskortiert, während Küstenbatterien Salut schossen. Am nächsten Tag, einem Sonntag, stand eine dichtgedrängte Gemeinde im Bundesversammlungshaus eine langatmige Predigt durch, in der sich Reverend Ezra Stiles Gannet mit den Segnungen befaßte, die aus der Ankunft der »Britannia« und dem von ihr eröffneten regelmäßigen Post- und Passagierdienst zwischen Amerika und England erwachsen würden.

Samuel Cunard, der Mann der Stunde, soll nicht weniger als 1873 Dinnereinladungen erhalten haben. Auch wurde ihm ein silberner Pokal überreicht, für den 2500 Bostoner Bürger Geld beigesteuert hatten. Die Feiern gipfelten in einer öffentlichen Prozession, die am 21. Juli von verschiedenen Bürgermeistern, Konsuln und anderen Vertretern des öffentlichen Lebens angeführt wurde. Ein offizielles Bankett in Maverrick-House, an dem 2000 Gäste teilnahmen, schloß sich an. Mr. Quinchy brachte einen Toast auf Gesundheit, Glück und Gedeihen Mr. Cunards aus und sagte weiter, daß »die Erfindung der Dampfmaschine einen bedeutenden Schritt zur Überwindung von Zeit und Raum darstellt«. Unter den Gästen befand sich eine der hervorragenden Persönlichkeiten New Yorks, Mr. Philip Hone, der Bürgermeister der Stadt. Von 1828 bis 1851 führte Hone ein Tagebuch, in dem er über das bürgerliche, geschäftliche und gesellschaftliche Leben New Yorks berichtete. Zu seinen zahlreichen Freunden zählten viele neuenglische Geschäftsleute, darunter Samuel Cunard. So ist es wahrscheinlich, daß Hone als persönlicher Gast Cunards an dem Bankett teilnahm. In seinem Tagebuch bemerkte er aus diesem Anlaß: »Mein Freund Cunard hielt keine Ansprache, weil er, wie er sagte, nicht wußte wie.«

Die »Britannia« trat ihre Heimreise von Boston am 1. August an und erreichte Liverpool in wenig mehr als 10 Tagen, wobei sie eine Tagesbestleistung von 280 Meilen erreichte.

Am 4. August hatte das zweite Schiff, die »Acadia«, unter Kapitän Miller ihre Jungfernfahrt von Liverpool nach Halifax angetreten. Der erste regelmäßige transatlantische Postdienst mit Dampfschiffen war eröffnet. Was aber noch wichtiger war: Er wurde auch aufrechterhalten. Der »Acadia« folgte am 9. September die »Caledonia« unter Kapitän Cleland, während das vierte Schiff, die »Columbia« unter Kapitän Ewing erst 1841 in Dienst gestellt wurde und ihre Jungfernreise am 5. Januar antrat. Von den vier Schiffen erwiesen sich »Britannia« und »Acadia« als die schnellsten.

Die »Britannia« und ihre Schwesterschiffe führten Segel und machten davon so oft wie möglich Gebrauch, wenn der Wind aus der richtigen Ecke wehte. Die Kapitäne hatten strikte Order, mit ihren Kohlevorräten sparsam umzugehen. Schätzungsweise 6960 Tonnen wurden von den vier Schiffen jährlich verbraucht. Bei einem Preise von 8 Shilling die Tonne war Kohle in Liverpool billig – in Boston kostete sie 20 Shilling die Tonne. In welchem Ausmaß noch unter Segeln gefahren wurde, ergibt sich aus dem Bericht über eine Reise der »Britannia« im Jahre 1848, den das Besatzungsmitglied John McFall aufzeichnete. Da heißt es: »Sonnabend, den 12. August um 16.30 Uhr kam die Post für Halifax und Boston an Bord, und wir gingen in See. Mäßige Nordbrise, Schönwetter. 16.00 Uhr Fockrah gefiert, Groß- und Besanstengen gestrichen.

Sonntag, 13. Aug.: Leichte Brise, Schönwetter. 6.00 Uhr früh, Isle of Man passiert. Nach Nordwest abgefallen, da der Wind östlich drehte. An Vor- und Großmast Segel gesetzt.

Montag, 14. August: »Britannia« läuft 9,5 Knoten.

Dienstag, 15. August: Wind umgesprungen; vierkant von vorn; alle Leinwand geborgen und festgemacht.

Mittwoch, 16. August: Starker Wind aus Westen, Regen. Schiff nimmt Wasser über. Stützsegel ausgebracht.

Donnerstag, 17. August: Anhaltender starker Wind, um 22.00 Uhr das Feuer von Sambro passiert. Mitternacht in Halifax festgemacht.

Freitag, 18. August: Halifax mit Kurs Boston verlassen. Die »Acadia« passiert.«

Die vier Schiffe unterhielten ihren Dienst mit großer Zuverlässigkeit. Erst 1843 gab es den ersten Unfall. Am 2. Juli dieses Jahres lief die »Columbia« auf ihrer Reise von Halifax nach Boston mit 85 Passagieren in dichtem Nebel vor Rock Lodge bei New Cape Sable auf Grund. Das Schiff mußte aufgegeben werden, doch wurden alle Passagiere, die Besatzung sowie Post und Ladung geborgen. Glücklicherweise hatte die Reederei im April dieses Jahres ein fünftes Schiff, die 1422 BRT große »Hibernia«, in Dienst gestellt. Nach dem Verlust der »Columbia« gab sie ein weiteres Schiff, die »Cambria«, in Auftrag. Diese trat ihre Jungfernreise am 4. Januar 1845 an und lief mit solcher uhrwerkmäßigen Pünktlichkeit, daß sie allgemein als die »fliegende Cambria« bekannt wurde. Mit einer Konstruktionsgeschwindigkeit von über 10 Knoten und luxuriöserer Ausstattung waren beide Schiffe schneller und erlangten noch größere Beliebtheit als die »Britannia« und ihre Schwesterschiffe.

Dennoch war es die »Britannia«, die wieder Schlagzeilen machte. Im Februar 1844 im Bostoner Hafen eingefroren, wurde sie von den Bewohnern der Stadt aus dem Eis befreit. Auf eigene Kosten und mit Hilfe Tausender von Freiwilligen wurde ein sieben Meilen langer und 30 m breiter Kanal durch das stellenweise 2 m dicke Eis geschlagen, damit das Schiff keine Verspätung erlitte. So wurde die »Britannia« nur zwei Tage aufgehalten und lief schließlich am 3. Februar aus. Als die britische Postbehörde den Bostonern anbot, die Kosten für das Aufschlagen des Kanals zu erstatten, lehnten die Bürger das ab.

Sieben Jahre lang hatte Cunard praktisch das Monopol im regelmäßigen Transatlantik-Dienst. Trotz des Erfolges der Schiffe war es aber allgemein bekannt, daß sie nur geringen oder gar keinen Gewinn abwarfen und daß Cunard ständig größere Subventionen erbitten mußte. Die für die Jahre 1840 bis 42 an das Schatzamt eingesandten Unterlagen wiesen ein Defizit von 63 954 Pfund aus. Als sich 1846 die Great Western Steam Ship Company, Bristol, deren Bemühungen um Beteiligung am Postverkehr zurückgewiesen worden waren, aus dem Nordatlantik-Dienst zurückzog, hatte Cunard keine britische Konkurrenz mehr zu fürchten.

Die erste ernstzunehmende Herausforderung der Herrschaft Cunards kam aus den Vereinigten Staaten. Dort war der Raddampfer »Washington« 1847 in Dienst gestellt worden. Und zwar als direktes Ergebnis eines im Kongreß der Vereinigten Staaten am 3. März 1845 ohne Debatte verabschiedeten Beschlusses, der den Generalpostmeister der Vereinigten Staaten ermächtigte, Verträge über die Postbeförderung nach fremden Ländern abzuschließen, wann immer es ihm im öffentlichen Interesse der Vereinigten Staaten notwendig erschien. Derartige Verträge waren mit in amerikanischem Besitz befindlichen Eisenbahngesellschaften oder Schiffahrtslinien abzuschließen, und zwar vornehmlich mit solchen, die Dampfschiffe betrieben.

Ein wichtiger Vertragspunkt war, daß derartige Schiffe »auf Verlangen gegen Erstattung ihres vollen Wertes der Regierung übergeben werden mußten, um zu Kriegsschiffen umgebaut zu werden.« Am 4. Oktober 1845 forderte der US-Generalpostmeister, Cave Johnson, aufgrund dieser Ermächtigung Angebote für den Transport von Überseepost auf den Routen New York–Liverpool, Bristol oder Southampton, nach den Festlandhäfen Antwerpen, Bremen oder Hamburg (mit Anlaufen von Cowes) und für die Häfen Le Havre, Brest oder Lissabon an. Es gingen vier Angebote ein, von denen schließlich das von Edward Mills den Vorzug erhielt.

Nach erheblichen Verzögerungen wurde der Vertrag schließlich abgeschlossen. Danach würde Mills für die Fahrten New York–England fünf Jahreszahlungen von 400 000 Dollar bekommen; für zwei monatliche Abfahrten, abwechselnd nach Bremerhaven und Le Havre, würden 350 000 Dollar gezahlt werden. Mills war kein Reeder, eine Tatsache, die viel Kritik hervorrief. Nachdem er jedoch einmal seinen Vertrag unter

Dach und Fach hatte, gründete er die Ocean Steam Navigation Company, die im Mai 1846 eingetragen und deren Generalagent Mills wurde. Das erste Schiff der Gesellschaft war die »Washington«, ein hölzerner Raddampfer von 1750 BRT, gebaut bei Westervelt und Mackay in New York, mit Maschinen von den Novelty Ironworks, Stillman und Allen. Bei ihrem Stapellauf war sie das größte Schiff der Welt, und, wie behauptet wurde, zugleich das vollkommenste und schönste jemals gebaute; eine Meinung, die nicht überall geteilt wurde.

Bei ihrer Ankunft in Southampton schrieb ein englischer Zeitungsmann, sie sei das häßlichste Erzeugnis des Dampfschiffbaus, das jemals auf dieser Reede erschienen sei, und sie rolle mehr durch das Wasser als daß sie dampfe. Dieser Korrespondent schrieb durchaus nicht aus dem Neid eines voreingenommenen Engländers heraus, der gerade mitangesehen hatte, wie das langjährige Monopol Englands in der Nordatlantik-Dampfschiffahrt gebrochen worden war, sondern mit einigem Grund. Obwohl vorausgesagt worden war, daß die »Washington« sich als in jeder Hinsicht vorzügliches Schiff erweisen würde, das an Geschwindigkeit jeden Dampfer auf den Meeren überträfe, enttäuschte sie diese Erwartungen. Die »Washington« war mit 120 Passagieren am 1. Juni 1847 von New York nach Southampton und Bremen in See gegangen. Am gleichen Tage verließ der Cunarder »Britannia« Boston mit Kurs auf Liverpool, so daß hier gewissermaßen das erste Ozeanrennen zwischen amerikanischen und englischen Dampfern stattfand. Die »Washington« war theoretisch das bessere Schiff, größer, neuer und mit der doppelten Maschinenleistung der »Britannia«. Die »Britannia« hatte sieben Jahre Dienst hinter sich; trotzdem machte sie die Überreise volle zwei Tage schneller als ihre Rivalin.

Im Juli 1848 lief die »Hermann«, das zweite Schiff der Ocean Steam Navigation Company, in 11 Tagen und 21 Stunden von New York nach Cowes und erhob den Anspruch, den Rekord auf dieser Route gebrochen zu haben.

Das Auftreten der Ocean Steam Navigation Company richtete die Aufmerksamkeit auf die zunehmende Bedeutung New Yorks als Zielhafen für Post und Passagiere. Folgerichtig wandte sich Cunard an die britische Regierung und erlangte auch einen neuen Postvertrag, aufgrund dessen die Gesellschaft je einen vierzehntägigen Dienst von Liverpool nach New York bzw. nach Halifax–Boston fahren sollte.

Man kam überein, daß per 1. Januar 1848 acht Schiffe den Dienst versehen sollten. Ein neuntes sollte ein Jahr später dazukommen. Dieser neue Vertrag enthielt die üblichen Vereinbarungen über die Raten für Transport von Truppen und militärischen Nachschubgütern sowie darüber, daß die Schiffe in der Lage sein sollten, Kanonen größten Kalibers zu tragen. Es wurde gleichzeitig vereinbart, daß die Schiffe zu ihren abwechselnden Reisen nach New York und Boston jeden Sonnabend Liverpool verlassen und erforderlichenfalls Holyhead als Zwischenhafen anlaufen sollten. Der Dampfer nach Boston sollte regelmäßig Halifax anlaufen, der nach New York auf Verlangen der Admiralität gleichfalls. Im Hinblick auf diese vermehrten Leistungen wurde der jährliche Regierungszuschuß auf 173 340 Pfund erhöht, wobei es bis Ende 1867 blieb. Für die angemessene Erfüllung dieses Vertrages mußten vier neue Schiffe gebaut werden: Die »America«, 1826 BRT; die »Niagara«, 1824 BRT; die »Europa«, 1834 BRT und die »Canada«, 1831 BRT. Dem Entwurf nach waren diese Schiffe ihren Vorgängern ähnlich; sie hatten jedoch 2000 PS-Maschinen, die ihnen eine Geschwindigkeit von 10,5 Knoten verliehen, und erhebliche Verbesserungen in den Einrichtungen für 140 Passagiere. Die beiden beliebtesten wurden »Canada« und »Europa«, die beide das Blaue Band errangen. Die erste Cunard-Reise von Liverpool nach New York machte die »Cambria« am 1. Januar 1848. Am gleichen Tage verließ die »Hibernia« New York mit Kurs Liverpool.

Der neue Dienst entwickelte sich von Anfang an erfolgreich.

Ende 1848 beliefen sich die Abgaben, die für in New York abgefertigte Cunard-Ladungen erhoben wurden, auf 40 501 Dollar; die Zahl für Boston betrug 29 508 Dollar. Schon Ende 1850 erreichten die Abgaben in New York 118 055 Dollar gegenüber 62 970 in Boston. Nach einer tabellarischen Aufstellung der Zollgebühren, die von Cunard seit Aufnahme ihres Geschäftes im Juli 1840 bis einschließlich 1851 gezahlt worden waren und die der »Boston Evening Traveller« veröffentlichte, machten die drei in Dienst gestellten Cunard-Schiffe, »Britannia«, »Acadia« und »Caledonia« 1840 acht Reisen, für die Ladungsgebühren in Höhe von 2940 Dollar erhoben wurden. 1851 mit »Asia«, »America«, »Cambria«, »Canada«, »Europa« und »Niagara«, die im ganzen 23 Reisen machten, beliefen sich die Gebühren auf insgesamt 1 850 059 Dollar. Kein Wunder, daß zu diesem Zeitpunkt auch der Hafen Liverpool die Bedeutung der Cunard Line und ihrer Schiffe erkannt hatte, und daß der »Liverpool Albion« vom 18. Februar 1850 sie als »großartige Flotte« bezeichnete, »die unter den Ozeandampfern einen hervorragenden Platz einnimmt«. In der gleichen Nummer veröffentlichte Statistiken zeigen, daß die Cunard Line 1849 44 Reisen von Liverpool, und zwar 23 nach Halifax und New York, 21 nach Halifax und Boston gemacht hatte. Die Durchschnittsreise dauerte nach New York 13 Tage und 16 Stunden einschließlich des Aufenthalts in Halifax, und 12 Tage, 22 Stunden nach Boston, ebenfalls über Halifax. Die »Canada« hielt dabei den Rekord für die schnellsten Reisen, nachdem sie im Juli die Reise von Liverpool in 9 Tagen, 22 Stunden bewältigt hatte, dichtauf gefolgt von der »America« und der »Europa«.

Am Ende des ersten Jahrzehnts ihrer Tätigkeit war die Vorherrschaft der Gesellschaft weltweit anerkannt. Es gab keinen vergleichbaren Dienst auf dem Nordatlantik. Das hätte so weitergehen können, wenn nicht ein amerikanischer Reeder den Entschluß gefaßt hätte, die Cunard Company »vom Atlantik zu fegen«. Sein Name war E. K. Collin.

Die amerikanische Herausforderung 1851 bis 1862

VANDERBILT

In der bunten Geschichte der amerikanischen Handelsschiffahrt mit all ihren Höhen und Tiefen, ihren Booms und Depressionen war 1850 kein Jahr von besonderer Bedeutung. Es war das Jahr, in dem nicht nur in Amerika gebaute und amerikanischen Reedern gehörende Clipper und Paketschiffe mit schnellen Reisen auf den Hauptrouten des Weltverkehrs dominierten, sondern in dem es endlich sogar so aussah, als würden die amerikanischen Dampfschiffe die Cunard Line aus dem Nordatlantik verdrängen. Kein patriotischer Amerikaner hätte sich etwas Besseres denken können.

Der fehlgeschlagene Versuch mit den Raddampfern »Washington« und »Hermann« der Ocean Steam Navigation Company im subventionierten Post- und Passagierdienst zwischen New York, Southampton und Bremen war für die Amerikaner eine bittere Enttäuschung gewesen. Gleichwohl gelang es im Februar 1847 dem Senator Butler King, einem begeisterten Förderer des Dampfschiffverkehrs, den Kongreß zur Verabschiedung eines Schiffbaugesetzes zu bewegen, das in einer Ergänzungsklausel den Sekretär für die Schiffahrt ermächtigte, mit einem Mister E. K. Collins aus New York über einen projektierten Postdienst mit Dampfschiffen von New York nach Liverpool einen Vertrag abzuschließen. Collins wurde darin verpflichtet, fünf große, schnelle Postdampfer zu bauen, wofür er für die Zeitdauer von 10 Jahren Zahlungen von bis zu

385 000 Dollar jährlich erhalten sollte. Die öffentliche Stimmung fand Ausdruck in den Worten des Senators Bayard vor dem Kongreß:

»Um den Wettbewerb um die Vorherrschaft in der Übersee-Dampfschiffahrt mit England aufzunehmen, waren ebenso Begabung wie Energie und ein Höchstmaß an Glauben unserer Landsleute an die Sache vonnöten, denn ein Fehlschlag hätte nicht nur den Verlust der enormen Summen bedeutet, die zu diesem Vorhaben notwendig waren, sondern auch, was für jeden, dem der Ruf seines Landes am Herzen liegt, weit schlimmer gewesen wäre, eine nationale Enttäuschung, die um so tiefer empfunden worden wäre, als die englischen Segelschiffe schon aus dem Felde geschlagen waren und die Palme des Sieges wieder in unsere Hand gelangt, wie durch die Yacht ›America‹ und den Clipper ›Witch of the Waves‹ neuerdings noch wieder erwiesen.«

In Edward Knight Collins hatten die Vereinigten Staaten den richtigen Mann gefunden. In Truro, Mass., im Jahre 1802 geboren, hatte er seine Geschäftslaufbahn, die derjenigen Cunards in vieler Weise glich, im Alter von 15 Jahren in New York begonnen. Mit 20 trat er in das Schiffahrtsgeschäft seines Vaters ein, wurde bald Chef des Unternehmens und weitete die Aktivitäten der Firma beträchtlich aus. 1830 begründete er einen Dienst mit Segelschiffen nach Vera Cruz und Tampico, zwei Jahre später den ersten regelmäßigen Postdienst New York–New Orleans und 1835 beteiligte er sich am fieberhaft aufblühenden transatlantischen Verkehr von Liverpool mit der Gründung der Dramatic Line, deren Schiffe Dichternamen wie »Shakespeare«, »Garrick«, »Sheridan«, »Siddons« und »Roscius« trugen und die sämtlich sowohl wegen ihrer schnellen Passagen wie durch den Luxus in Passagierräumen und Kabinen berühmt wurden. Aber während Collins mit seinen Segelschiffen noch auf dem Gipfel der Erfolgswelle segelte, hatte er doch schon erkannt, daß die Zukunft der Segelschiffahrt mit dem

Aufkommen des Dampfers in Frage gestellt war. Sein Entschluß, Dampfer zu bauen und die Cunard-Schiffe aus dem Atlantik »herauszudampfen«, wird durch eine Bemerkung gegenüber einem Freund illustriert: »Ich will Dampfschiffe bauen, die die Passage von New York nach Europa in 10 Tagen oder weniger bewältigen.«

Mit dem amerikanischen Postvertrag in der Tasche, nahm Collins unverzüglich Verbindung mit Geschäftsfreunden und Gesellschaftern auf, die die allgemein als Collins-Line bekannte United States Mail Steam Ship Company begründeten. Vertragsgemäß übernahm es Collins, mit fünf Schiffen einen wöchentlichen Dienst zwischen New York und Liverpool aufzubauen, wobei jedes Schiff 20 Reisen im Jahr zu machen hatte. Die Gesellschaft erhielt pro Reise 19 250 Dollar Zuschuß. Für Bau- und Maschineneinrichtung der Schiffe versicherte sich Collins des Rates und der Unterstützung der führenden amerikanischen Schiffbauer und Marineingenieure. Wegen der Konstruktion der Rümpfe wandte er sich an Georges Steers, der sich als Erbauer der Yacht »America«, deren Name im »America's Cup« die Zeiten überdauerte, einen weltweiten Ruf erworben hatte. Von den Ingenieuren Faron und Sewell, die für diesen besonderen Zweck von der US-Navy unterstützt wurden, wurden die Maschinen konstruiert. Bei Bau und Ausrüstung der Schiffe wurden keine Ausgaben gescheut. Die Kosten waren so hoch, daß Collins gezwungen war, sich wegen weiterer Unterstützung an die Regierung zu wenden, die sich nicht nur bereit zeigte, die vorgesehene Zahl an Schiffen von fünf auf vier zu reduzieren, sondern auch die vorgeschlagenen Zahlungen für die Postbeförderung pro Reise von 19 250 Dollar auf 33 000 Dollar zu erhöhen! Zur Begründung wurde auf die Bedeutung der Geschwindigkeit besonders hingewiesen. Als die erhöhten Zahlungen im Kongreß erörtert wurden, erklärte Senator Bayard: »Wir brauchen Geschwindigkeit, außerordentliche Geschwindigkeit, mit der die Collins-Schiffe jedes Schiff überholen können, das sie verfolgen, und jedem Schiff weglaufen, von dem sie sich absetzen wollen; sie müssen so armiert sein, daß sie ihren Gegner – gesetzt den Fall, dieser Gegner wäre Großbritannien – an seiner empfindlichsten Stelle, dem Handel nämlich, angreifen und treffen könnten.

Die vier Schiffe wurden unter den Namen »Atlantic«, Pacifik«, Arctic« und »Baltic« in New York gebaut und ausgerüstet, die »Atlantic« und »Arctic« von William H. Brown, die »Pacific« und »Baltic« von Brown und Bell. Die Maschinen für das erste Paar wurden in den Novelty Ironworks von Stillman and Brown am East River gebaut, die der »Pacific« und »Baltic« in den Allaire Works. Äußerlich glichen sich die vier Schiffe fast vollständig. Ihre Hauptabmessungen waren 2860 BRT; 1559 NRT; Länge über alles 91,4 m; Länge zwischen den Loten 86,0 m; Breite 13,7 m; Breite über Radkästen 22,3 m. Mit drei Decks und rundem Heck waren sie die ersten Nordatlantik-Dampfer mit geradem Steven. Der schwarze Schornstein mit roter Kappe war eine Umkehrung der Schornsteinfarben der Cunard-Line. Ein rotes Band zierte den schwarzen Rumpf.

Die Seitenhebelmaschinen entwickelten aus zwei Zylindern eine Leistung von 2000 PSi. Die Kohle wurde von den Bunkern durch mechanisch betriebene Eimer zu den Feuerstellen herangeführt. Der tägliche Kohlenverbrauch betrug 87 Tonnen. Größer, luxuriöser und stärker als ihre Cunard-Rivalen, wurden die vier Schiffe von Schiffbauern und Maschinenbauern als vorbildlich bezeichnet. Während das Reisepublikum durchaus bereit war, sich von technischen »Mysterien« beeindrucken zu lassen, wurde gleichwohl seine Phantasie doch mehr noch durch die faszinierenden Neuheiten in der Unterbringung der Fahrgäste angeregt. Die Jahre, da eine Atlantiküberquerung per Dampfschiff als ein waghalsiges Abenteuer angesehen wurde, waren lange vorüber. Nicht zuletzt dank der regelmäßigen, unfallfreien Überfahrten der Cunardschiffe galten solche Reisen 1850 als ganz normale Passagemöglichkeiten, und die Fahrgäste begannen, mehr Annehmlichkeiten und gar Luxus zu verlangen. Collins mit seiner langjährigen Reiseerfahrung auf dem Nordatlantik kam sehr schnell dahinter, daß er den Cunardern sehr bald überlegen sein würde, wenn er den Fahrgästen auf seinen Schiffen mehr Luxus bot. Er fand, daß es für männliche Passagiere nicht unbedingt reizvoll war, zum Rauchen an Deck gehen zu müssen. Auf den Cunardern war dies die Regel; deshalb richtete Collins auf seinen Schiffen einen Rauchsalon »vollständig mit Spucknäpfen« ein. Er wußte aus eigener Erfahrung, wie unbequem es sein konnte, sich in der Enge einer kleinen Kabine rasieren und waschen zu müssen. So sah er einen Frisiersalon und Badekabinen vor. Persönliche Erfahrung auf unangenehmen Winterreisen mit Temperaturen unter dem Nullpunkt veranlaßten ihn, Dampfheizungen für die Aufenthaltsräume einzubauen. Verständnis für leidende Passagiere, die nach ihrem Steward rufen mußten, führte zum Einbau von elektrischen Klingeln, mit denen man »ohne Verlust an persönlicher Würde« nach dem Steward läuten konnte.

Die »Atlantic« wurde als erstes Schiff der Collins-Flotte in Dienst gestellt. Mit annähernd 100 Passagieren an Bord, also keineswegs voll ausgebucht, und mit 2000 Tonnen Ladung trat sie am 27. April 1850 unter Kapitän West ihre Jungfernreise von New York nach Liverpool 1850 an. Tausende von New Yorkern versammelten sich an der Pier, um dem Schiff zuzujubeln. Man glaubte fest, daß es eine Rekordreise machen würde. Der internationale Kampf um das Blaue Band des Atlantik hatte begonnen! Zur großen Enttäuschung der Amerikaner sollten sich ihre Hoffnungen nicht erfüllen. Kurz nachdem sie Sandy Hook, die Einfahrt zum Hafen von New York passiert hatte, geriet die »Atlantic« in Treibeis, das ihren Schaufelrädern übel mitspielte. Was noch schlimmer war, das herrschende Wetter vereitelte alle Versuche, den Schaden mit Bordmitteln zu beheben. Kapitän West mußte die Geschwindigkeit herabsetzen, um zu verhindern, daß die Schaufeln der Räder völlig zerschlagen wurden. Es kam noch schlimmer – am 3. Mai fiel einer der Kondensatoren aus, so daß Kapitän West jetzt ernsthaft in Schwierigkeiten geriet. Er drehte für vierzig Stunden bei, während die Ingenieure mit Hochdruck arbeiteten, um die notwendigen Reparaturen auszuführen. Die Anstrengungen erwiesen sich jedoch als nicht ausreichend, so daß das Schiff schließlich mit stark reduziertem Dampfdruck seine Reise fortsetzte und Liverpool erst am 10. Mai erreichte, wo wegen ihrer großen Breite von den Hafenbehörden besondere Vorkehrungen getroffen worden waren, damit sie anlegen konnte. Das Interesse an der Ankunft der »Atlantic« auf dem Mersey wurde noch gesteigert durch die Tatsache, daß das neueste Cunard-Schiff, die 2226 BRT große »Asia« unmittelbar zuvor von der Schiffswerft Howard Steele am Clyde eingetroffen war und sich auf ihre für den 18. Mai angesetzte Jungfernfahrt nach Halifax und New York vorbereitete. Obwohl über die äußere Erscheinung der »Atlantic« keine Lobreden in der Zeitung standen – ein schottischer Journalist beschrieb sie als »unzweifelhaft schwerfällig« – wurde der Luxus in der Einrichtung ihrer Fahrgastunterkünfte einstimmig anerkannt. Dieses Lob wurde vielleicht am deutlichsten in einem Artikel der »London Illustrated News« vom 18. Mai 1850: »Ihr Salon ist 20 m lang und 6 m breit, ihre innere Ausstattung wirklich elegant, die Holztäfelung aus weißer Stechpalme, Satinholz und Rosenholz, das zu einem ausnehmend reichen und kostspieligen Erscheinungsbild kombiniert wurde. Der Salon ist mit kostbaren Spiegeln, Bronzearbeit, farbigem Glas, Gemälden usw. ausgeschmückt. Die Decke ist auf das reichhaltigste ausgearbeitet, geschnitzt und verziert. Die Kabinenfenster im Heck sind mit Glasmalereien bedeckt, die New York, Boston und Philadelphia darstellen. Darüber hinaus gibt es zusätzlich einen weiteren, gleich schön ausgeschmückten Salon für den ausschließlichen Gebrauch der Damen. Beide Räume sind mit Dampf beheizt, eine Verbesserung, die hier erstmalig auf

Dampfschiffen eingeführt ist. Der Speisesaal, 18 m lang, ist elegant ausgestattet; die Aufenthaltsräume sind hell und luftig, schön möbliert und enthalten jede Annehmlichkeit, die technisches Können und Erfahrung nur ersinnen konnten. Es würde mehr Platz erfordern, als zur Verfügung steht, um die Großartigkeit der Möbelausstattung der ›Atlantic‹ im einzelnen zu schildern«, schloß der Artikel.

Der »Atlantic« folgten sehr bald ihre Schwesterschiffe, die »Pacific«, deren Jungfernfahrt nach Liverpool am 15. Mai 1850 begann, die »Arctic«, die am 27. Oktober auslief und die »Baltic« am 16. November. Nach kurzer Einfahrzeit für die Maschinen begannen sie zu zeigen, was an Geschwindigkeit in ihnen steckte.

Die »Atlantic«, die sich nach ihrer mißglückten Jungfernfahrt 19 Tage in Liverpool mit Reparaturen hatte aufhalten müssen, rehabilitierte sich auf der Rückreise in Westrichtung mit einer Reisedauer von 10 Tagen und 16 Stunden. Es folgten aufregende Jahre in der Nordatlantik-Fahrt mit einem intensiven internationalen Wettbewerb, in dem alle Hilfsmittel und -quellen, alle Neuentdeckungen im Schiffsmaschinenbau, Schiffbau und Innenausstattung ihre Rolle spielten.

Die allgemeine Anteilnahme der Öffentlichkeit an diesem Wettbewerb war nicht ganz neu. Seit vielen Jahren waren Liverpool und New York in die erbitterte Rivalität der Transatlantik-Reedereien verstrickt. Die Wettfahrten zwischen den großen Rahschiffen bildeten eine nie versiegende Quelle der Aufregung. Hohe Wetten auf das Ergebnis ihrer Reisen waren an der Tagesordnung. Mit dem Erscheinen des Dampfschiffes auf der atlantischen Bühne ergab sich ein neues Moment. Da die Geschwindigkeit eines Dampfers bekannt war, konnte die Öffentlichkeit jetzt mit einer gewissen Genauigkeit schätzen, wie lange es etwa dauern würde, die 3000 Meilen-Reise zu machen. Der Kapitän eines Schiffes war nicht mehr von günstigen Winden und seinen eigenen seemännischen Fähigkeiten und Erfahrungen abhängig, um eine schnelle Reise zu machen. Er hatte jetzt unter Deck eine Maschine, Ingenieure und Heizer zu seiner Unterstützung. Seine Ankunftszeit war im Reedereikontor vorgeplant, und man erwartete von ihm, daß er im Rahmen der Sicherheit seiner Offiziere und seines Schiffes diesen Reiseplan einhielt.

Anfangs ging für die Collins-Schiffe keineswegs alles nach Wunsch. Die Cunarder nahmen den Kampf um das Blaue Band sofort auf. So kam am 16. Juli 1850 die »Europa« nach einer Überfahrt von 10 Tagen, 12 Stunden und 26 Minuten von New York in Liverpool an, der schnellsten Reise, die jemals über diese Strecke gemacht worden war. Aber ihr Triumph war kurzlebig; denn am 26. Juli legte die »Atlantic« nach einer Reise von 10 Tagen und 12 Stunden mit einer Tagesbestleistung von 319 Seemeilen in Liverpool an.

Im Oktober 1850 machte die »Asia« bei einer direkten Reise von New York nach Liverpool, der ersten Cunard-Reise, bei der Halifax nicht angelaufen wurde, eine Überfahrt von 10 Tagen und 7 Stunden. Im Dezember glückte ihr sogar eine noch bessere Leistung, über die das Logbuch berichtet:
»Verließen diese Reise New York am 18. Dezember, mittags; verloren 55 Minuten durch Radreparatur; eintrafen Liverpool 28. Dezember, 21.30 Uhr. Beste Tagesleistung 328 sm, Zeit: 10 Tage, 4 Stunden, 5 Minuten; 2 Stunden, 55 Minuten weniger als die beste West-Ost-Reise der USA-Schiffe; 5 Stunden, 20 Minuten weniger als die bemerkenswerte Sommerüberfahrt der »Pacific« nach New York. Am 28. Dezember, als die »Asia« auf dem Mersey eintraf, lief die »Atlantic« mit 28 Passagieren nach New York aus.

Die niedrige Besetzung war für eine Winterreise nicht ungewöhnlich. Normalerweise würde sie New York nach etwa 10 Tagen, das heißt am 6. Januar, erreicht haben. Die Tage gingen jedoch dahin, ohne daß es Nachrichten von dem Schiff gegeben hätte. Düstere Stimmung breitete sich über New York aus, die einer Erlösung erst wich, als der Cunarder »Africa«, am 15. Februar mit der guten Nachricht einlief, daß sich die »Atlantic« in Sicherheit befand. Etwa 1800 Meilen westlich von Irland hatte sie ihre Schaufelrad-Hauptwelle gebrochen. Ihrem Kapitän blieb bei den herrschenden starken Westwinden keine Wahl, als umzukehren und nach Queenstown zu laufen, wo er am 22. Januar angekommen war. Nach dem Bericht des »New York Herald« vom 16. Februar blieben die Menschen beim Bekanntwerden dieser Nachricht in Gruppen auf der Straße stehen und schrien Hurra. Theatervorstellungen wurden abgebrochen, Kirchenglocken läuteten, und »jeder New Yorker ging an diesem Abend mit einem ›Gott sei Dank‹ auf den Lippen zu Bett.«

Mit einer Konstruktionsgeschwindigkeit von 11,5 Knoten waren »Asia« und »Africa« keine Konkurrenz für die vier Collins-Schiffe, die 11,75 Knoten liefen. Im Mai 1851 überquerte die »Pacific« den Atlantik von New York nach Liverpool in 9 Tagen, 20 Stunden und 10 Minuten, mit einer Durchschnittsgeschwindigkeit von 13 Knoten und gewann das Blaue Band; im August machte die »Baltic« eine Reise von Liverpool nach New York in 9 Tagen, 18 Stunden mit einer Durchschnittsgeschwindigkeit von 13,17 Knoten, und 1852 unterbot die »Arctic« diese Zeit mit einer Reise von New York nach Liverpool in 9 Tagen, 17 Stunden und 12 Minuten mit einer Durchschnittsgeschwindigkeit von 13,25 Knoten. Dieser Rekord sollte vier Jahre lang Bestand haben.

In 26 Rundreisen zwischen New York und Liverpool im Jahre 1852 benötigten die Collins-Schiffe 19 Stunden und 47 Minuten weniger als die Cunarder. Es spricht für Cunard und seine Partner, daß sie es ablehnten, die »Asia« und »Africa« über ihre Konstruktionsgeschwindigkeit hinaus zu forcieren, obwohl Öffentlichkeit und Presse sich in einem Spottvers im »Punch« folgendermaßen äußerten: »Ein Dampfschiff der Collins Line, ein Yankee notabene – hat die schnellste Überfahrt über den Atlantik gemacht, und als britische Agenten von dieser Leistung hörten, haben Sie das Schiff gekauft, um die Cunard-Dampfer hinüberzuschleppen.«

Finanziell erlitt die Cunard Line einen schwerwiegenden Rückschlag. Die Benutzung der Cunard-Schiffe durch Amerikaner ging um 50 % zurück. Die Rundreiseziffern, wie sie der »New York Herald« im Januar 1853 für die gebuchten Passagen bei den beiden Reedereien im Zeitraum von Januar bis November 1852 veröffentlichte, lauteten:

New York–Liverpool

Collins Line 2420; Cunard Line 1783

Liverpool–New York

Collins Line 1886; Cunard Line 1186

Ein Grund für die ungewöhnliche Tatsache, daß der Passagierverkehr von New York größer war als der von Liverpool, lag darin, daß zu dieser Zeit der große Rush zu den australischen Goldfeldern stattfand, so daß die Postdampfer von Liverpool nach Melbourne bis zu 600 Passagiere an Bord nahmen, darunter viele Amerikaner. Zusätzlich zu dem Verlust im Passagiergeschäft fielen die Einkünfte der Cunard Line aus dem Frachtverkehr in schwerwiegendem Maße ab. Wie zu erwarten, verschifften die amerikanischen Befrachter auf amerikanischen Schiffen und ließen sich davon auch nicht abbringen, als die Cunard Line die Frachtraten von 7 Pfund 10 Shilling auf 4 Pfund je Tonne herabsetzte. Nur im Postverkehr lag die Cunard Line über ihren Rivalen.

1851 transportierten Cunard-Schiffe 2 613 000 Briefe im Vergleich mit der mageren Gesamtsumme von 843 000 für Collins. Was zählte, waren jedoch die Einnahmen aus dem Passagier- und Frachtverkehr, was Charles MacIver, der 1845 seinem Bruder David als Cunard-Partner gefolgt war, zu der Bemerkung veranlaßt haben soll: »Die Collins dürften doch wohl ziemlich bald herausfinden, daß der Spaß, uns die Fenster mit Goldstücken einzuschmeißen, auf die Dauer zu kostspielig wird.« Trotzdem muß es während dieses ersten gefährlichen

Angriffs der Collins Line Zeiten gegeben haben, in denen er seine Zweifel hegte, ob Cunard lange genug durchhalten könnte, um diesem Sturm zu überstehen.

Tatsächlich kam MacIvers skeptische Anmerkung der Wahrheit näher, als er vermutlich selbst erkannte. Für Collins war es sehr kostspielig, die amerikanische Öffentlichkeit dadurch zufriedenzustellen, daß er Cunard immer eine Nasenlänge vorausblieb. Hoher Kohlenverbrauch und laufende Reparaturen zwischen den einzelnen Reisen verschluckten nicht nur alle Einnahmen aus der Fahrgast- und Güterbeförderung; die Schiffe machten pro Reise einen Verlust von 16 928 Dollar. Sollten die Collins-Schiffe in Fahrt gehalten werden, so würde er mehr finanzielle Unterstützung vom Kongreß benötigen. Sein Antrag auf Erhöhung der für den Postverkehr gewährten Vergütung war von einer ins einzelne gehenden Aufstellung über die finanzielle Lage der Gesellschaft begleitet. Diese lautete:

»New York and Liverpool U.S.M.S.S.Co.
No. 56, Wall Street,
New York,
December 15, 1851

Aufstellung über die tatsächlichen Ausgaben und Einnahmen aus den 28 ersten Reisen der New York and Liverpool United States Mail Dampferschiffe »Atlantic«, »Pacific«, »Arctic« und »Baltic«

	Durchschnitt jeder Reise in Dollar
Ausgaben, Heuern d. Besatzung und Verpflegung	8 845 04
Brennstoff	8 612 28
Maschinenreparaturen	4 571 90
Maschinenreparaturen (extras)	4 643 00
Generalkosten einschl. Zimmerer, Tischler, Hafengebühren, Segelmacher, Licht- und Hafengebühren, Passagierverpflegung, Stewards u. a. Bedürfnisse	12 762 73

Versicherungsdurchschnitt f. obige Reisen	8 904 64
Zinsdurchschnitt auf obige Reisen	8 438 00
Wertminderung zu 7 % p. a..	8 438 00
	65 215 59
Einnahmen	
Fahrgelddurchschnitt wie oben	21 292 65
Frachten	7 744 20
Postgebühren v. Regierung	19 250 00
	48 286 85
Durchschnittsverlust je Reise	16 928

Die anschließende Debatte im Senat wurde durch erhebliche Opposition gekennzeichnet, und zwar besonders von den die Südstaaten repräsentierenden Mitgliedern, die die Extravaganz der Regierungsvorlage bedauerten, mit der diese die Collins Line flott erhalten wolle. Endlich fand aber doch der Vorschlag Zustimmung, daß die Subvention für den Posttransport von 385 000 Dollar auf 858 000 Dollar jährlich erhöht werden sollte. Das Stimmenverhältnis im Senat war 27 : 19, im Kongreß 84 : 79, alles in allem also eine sehr knappe Entscheidung. In ihrem Bericht über das Ergebnis trompetete die »New York Times«: »Recht und Nationalstolz siegten über falsches und engstirniges Wirtschaftsdenken! Die Vorherrschaft unserer Dampfschiffahrt wurde nicht lokalen und persönlichen Eifersüchteleien oder heimtückischen Einflußnahmen ausländischer Rivalen zum Opfer gebracht!«

In der Zwischenzeit hatten sich die Cunard-Partner mit dem Problem der Wiedergewinnung der verlorenen Verkehrsanteile herumzuschlagen gehabt. Die ersten Ergebnisse zeigten sich, als die Cunard Line den ersten Zweischornsteindampfer, zugleich ihren letzten hölzernen Raddampfer in Dienst stellte, die von Robert Steele in Greenock gebaute und mit einer Maschinenanlage von Robert Napier ausgerüstete »Arabia«.

Die 2402 BRT große »Arabia« war ein technisch ausgereiftes

Schiff und bot an Luxus und Komfort, was Passagiere nur wünschen konnten.

Mit einer Konstruktionsgeschwindigkeit von 13 Knoten schienen alle Voraussetzungen für die lang erwartete Wiederkehr eines Triumphes britischer Dampfschiffahrt auf dem Nordatlantik gegeben, besonders als man erfuhr, daß das Schiff bei seinen Probefahrten eine Geschwindigkeit von 15 Knoten erreicht hatte. Die »Arabia« enttäuschte jedoch die in sie gesetzten Erwartungen. Ihre Maschinen, die ihrer Größe wegen in zwei Abteilungen hatten eingebaut werden müssen, erwiesen sich als zu stark für den hölzernen Rumpf. Deshalb war man nicht nur im Hinblick auf die Sicherheit des Schiffes und der Passagiere, sondern auch wegen der Kosten, die durch ständige Reparaturen entstehen würden, zu der Ansicht gelangt, daß es besser sei, das Schiff nicht voll auszufahren.

Die Collins Line konnte daher ihren Siegeszug fortsetzen. Die Aussichten der Gesellschaft waren nie so gut gewesen, und das trotz eines Anwachsens der Ausgaben von 10 984 Dollar pro Reise als Folge steigender Kohlenpreise, Reparaturkosten und einer kürzlichen Anhebung der Heuern für die Besatzung.

1854 kam es dann zu einem unerwarteten »Bonus«: Der Ausbruch des Krimkrieges zwischen Großbritannien und Rußland führte dazu, daß die britische Admiralität von ihrem vertraglichen Recht Gebrauch machte, Cunard-Schiffe für Transporte und andere Dienste zu requirieren. Innerhalb weniger Tage wurden 14 Cunarder für Kriegstransporte zur Krim beschlagnahmt. Der Nordatlantik-Dienst der Gesellschaft war damit vollständig durcheinander gebracht. Collins hatte plötzlich praktisch das Monopol im Fracht- und Personenverkehr über den Atlantik, und zwar in einem solchen Ausmaße, daß die britische Regierung gezwungen war, sich für den Posttransport der Collins-Schiffe zu bedienen!

Aber auf dem Höhepunkt des Erfolgs, als alles auf das beste geordnet schien, ereignete sich jenes Unglück, das den Anfang vom Ende für Collins bezeichnete. Am 21. September 1854 verließ das Rekordschiff »Arctic« unter dem Kommando von Kapitän Luce Liverpool mit dem Ziel New York. An Bord befanden sich 233 Passagiere, darunter Mrs. Collins und ihre zwei Kinder. Sechs Tage danach, am 27. September, kollidierte das Schiff etwa 60 Meilen südlich von Cape Race in dichtem Nebel mit dem kleinen französischen Dampfer »Vesta« von 200 BRT. Im ersten Augenblick sah es so aus, als sei die »Vesta« verloren. Aber ihr Kollisionsschott hielt, und sie hinkte, im Nebel außer Sicht gekommen, von dannen und erreichte schließlich St. Johns, Neufundland. Die »Arctic«, die sich in der Nähe gehalten hatte um Beistand zu leisten, blieb allein zurück. Erst jetzt erkannte man, daß sie schwere Beschädigungen erlitten hatte und rasch sank. Alles Erdenkliche wurde getan, um das Schiff schwimmend zu halten. Kapitän Luce ließ die Maschinen voll vorausgehen, in der Hoffnung, Cape Race erreichen und sein Schiff dort auf Grund setzen zu können. Aber es war zu spät. Als das Schiff noch 20 Meilen von Land entfernt stand, wurde klar, daß es nicht zu halten war und sinken würde. Luce befahl, die fünf Rettungsboote des Schiffes zu Wasser zu lassen – erbarmungswürdig wenige für 391 Menschen. Vier Boote kamen glücklich zu Wasser, aber nur zwei davon erreichten die Küste. Es gab nur 45 Überlebende. Mrs. Collins und ihre zwei Kinder waren nicht darunter. Kapitän Luce ging mit seinem Schiff unter, aber er schaffte es, freizukommen und schwimmend Wrackteile zu erreichen, an denen er sich zwei Tage lang festhielt, bevor er von der »Cambria« aufgenommen wurde.

Der Verlust der »Arctic« tat dem Prestige der Collins Line schweren Schaden, besonders unter den Amerikanern, die nun, da es jetzt so besser paßte, ihren früheren Stolz auf die Rekordreisen der Schiffe vergaßen und statt dessen die rücksichtslose Geschwindigkeit verdammten, die zu dieser Katastrophe beigetragen hatte, wie sie ohne volle Kenntnis der Tatsachen behaupteten.

Atlantikreisende, die noch vor kurzem verächtlich über die langsameren Cunard-Schiffe gesprochen hatten, waren nun schnell bei der Hand, auf die Anerkennung hinzuweisen, die der Cunard Line während eines gerade laufenden Prozesses zuteil geworden war. In diesem wurde darauf hingewiesen, daß die Cunard Line den stolzen Rekord halte, zwischen 1840 und 1854 100 000 Passagiere befördert zu haben, von denen nicht ein einziger zu Schaden gekommen sei, wie auch nicht ein Gepäckstück Beschädigungen erlitten habe.

Zu ihrem Bedauern konnte die Cunard Line aus diesem Umschwung in der Gunst des Publikums nur wenig Gewinn ziehen. Ihre Schiffe waren in der Mehrzahl noch für den Kriegsdienst beschlagnahmt, so daß die Gesellschafter erst am 1. Oktober 1856 folgende Notiz an die Presse geben konnten: »Es wird hiermit respektvoll bekanntgegeben, daß beabsichtigt ist, im Januar 1857 die wöchentlichen Abfahrten der Schiffe unserer Gesellschaft von Liverpool nach den Vereinigten Staaten wieder aufzunehmen. Die Dampfschiffe der British Mail werden danach wie früher jeden Sonnabend abwechselnd nach Boston mit Anlaufen von Halifax und nach New York direkt abgefertigt werden.«

Merkwürdigerweise hielten es die Gesellschafter bei dieser Ankündigung nicht für der Mühe wert, auf die Indienststellung eines neuen Postdampfschiffes, des 3300 BRT-Raddampfers »Persia«, hinzuweisen. Die »Persia« würde nicht nur das größte und stärkste Schiff ihrer Zeit, sondern auch der erste aus Eisen gebaute Raddampfer im Atlantik sein.

Mit der Ablehnung entsprechender Anträge der Cunard Line hatte die Admiralität bisher den Bau von Eisendampfern für den Postdienst unterbunden, weil solche Schiffe im Falle der Beschlagnahme für den Kriegsdienst von wenig Nutzen sein würden. Nun jedoch, wegen der Bewährung der gepanzerten französischen Marineeinheiten im Krim-Krieg und wegen des Erfolges der von Cunard gecharterten eisernen Dampfer, die während des Krieges den Atlantikdienst versehen hatten, nahm die Admiralität ihr Veto zurück. Cunard und seine Gesellschafter konnten jetzt ihre Pläne weiterverfolgen, mit denen sie dem Wettbewerb Collins begegnen wollten. Offenbar hatte Cunard vorausgesehen, daß diese Beschränkung fallen würde; denn Pläne für den Bau der »Persia« waren bereits seit mehreren Jahren im Gespräch. Im August 1843 schrieb Robert Napier, der mit der Vorbereitung der Konstruktion betraut worden war und – wie eh und je – bestrebt war, den Auftrag so perfekt wie möglich abzuwickeln, an Charles MacIver: »Ich bin der Überzeugung, daß, sofern nicht die größte Sorgfalt, Aufmerksamkeit und Urteilskraft beim Bau dieses großen Fahrzeugs aufgewandt werden, das sehr große Risiko eines Fehlschlages in dieser oder jener Hinsicht besteht. Wenn andererseits sorgfältig gearbeitet wird, und wir nicht durch äußere Einflüsse behindert sind, habe ich keine Befürchtung, daß nicht ein gutes Ergebnis erreicht werden kann. Wenn ich an die Erfahrungen denke, die ich in solchen Angelegenheiten habe, so dürfen Sie überzeugt sein, daß ich Ihnen nichts vorschlagen oder empfehlen werde, bei dem auch nur in irgendeiner Hinsicht die Wahrscheinlichkeit besteht, daß es nicht in vollem Umfange seinem Zweck entspricht.« Napier hätte jedoch keine Befürchtung über den endlichen Erfolg der »Persia« zu hegen brauchen; denn als sie 1856 in Dienst gestellt wurde, verkörperte sie alles, was ihre Reeder und Erbauer nur wünschen konnten. »Überwältigend!« nannte sie »The Illustrated London News«. Ein Urteil, das wie ein Echo von den Befrachtern und Kaufleuten und von hervorragenden Mitbürgern wie dem Bürgermeister von Liverpool wiederholt wurde. Dieser besichtigte das Schiff, als es im Mersey zu Anker lag, hörte verwundert den technischen Beschreibungen solcher Einzelheiten wie des Doppelbodens und wasserdichter Abteilungen zu, während er die üppigen Aufenthaltsräume und die geräumigen Küchen und Pantrys bewunderte, »die denen der hervorragendsten Hotels des ganzen Landes ebenbürtig waren.«

In Robert Napiers Werft in Glasgow erbaut, war die »Persia« ein Zweischornstein-Dampfer von 121,3 m Länge über alles; 114,6 m zwischen den Loten; 13,8 m Breite; 21,6 m Breite über Radkästen; 9,0 m Raumtiefe. Das Schiff hatte einen Doppelboden und der eiserne Rumpf war in sieben wasserdichte Räume unterteilt. Luxuriöse Unterkünfte für 250 Passagiere waren vorhanden. Das Schiff hatte acht Rettungsboote Die Maschinenleistung von 950 PS sollte eine Konstruktionsgeschwindigkeit von 13 Knoten ergeben; der Kohleverbrauch täglich 153 Tonnen betragen.

Unter Kapitän Judkins trat die »Persia« am 26. Januar 1856 ihre Jungfernreise von Liverpool nach New York an. Drei Tage zuvor, am 23. Januar, war der Collins-Dampfer »Pacific« mit 45 Passagieren nach New York ausgelaufen, und die Öffentlichkeit erinnerte sich, daß die »Persia« während ihrer Probefahrten auf dem Clyde Geschwindigkeiten von 16 Knoten erreicht hatte. Es wurden sogleich von einer Wettfahrt zwischen den beiden Schiffen gesprochen. 14 Tage später erreichte die »Persia« mit eingedrücktem Bug New York. Die »Pacific« war noch nicht angekommen. Als bekannt wurde, daß der Grund für die Beschädigung der »Persia« ihre Kollision mit einem Eisberg während der stürmischen Überfahrt war, steigerten sich die Befürchtungen wegen der überfälligen »Pacific«. Tage und Wochen vergingen ohne neue Nachrichten. Schließlich wurde das kurze inhaltschwere Wort neben ihren Namen gesetzt, ein Wort nur »Verschollen:«.

Diese zweite Katastrophe erschütterte das Vertrauen der Öffentlichkeit in die Collins Line in vernichtendem Umfange. Als kurz darauf im Kongreß die Frage der Subventionen für Collins behandelt wurde, erreichten seine Konkurrenten, daß die öffentlichen Zuschüsse von 858 000 Dollar jährlich auf 385 000 Dollar gekürzt wurden. Damit erlitt die Gesellschaft einen finanziellen Schlag, von dem sie sich nie mehr erholen sollte.

Auf der anderen Seite wurde die Kollision der »Persia«, bei der keine Menschen zu Schaden gekommen waren, als Beweis für die Sicherheit eiserner Schiffe gewertet. Als sie im Mai 1856 den atlantischen Rekord für die Reise New York–Liverpool in 9 Tagen, 12 Stunden und 7 Minuten errang und dabei eine Geschwindigkeit von 13,5 Knoten erzielte, kannte der Jubel keine Grenzen. Das Blaue Band war wieder in britischem Besitz!

Im September dieses Jahres reiste Mr. Delane, der berühmte Herausgeber der »Times«, auf dem Cunarder »Niagara« nach New York. Sein Reisebericht ist ein interessanter Kommentar zu den damaligen Atlantikreisen. In seinem Tagebuch berichtete Delane, daß 150 Passagiere an Bord waren, Amerikaner, Kanadier, Engländer sowie einige Franzosen, Spanier und Deutsche. Er schreibt dann, wer sich einen Platz am Tische des Kapitäns gesichert habe und wie ihm zu seiner großen Freude gesagt worden sei, daß er, obwohl er »nur für eine einzelne Koje bezahlt habe, einen Wohnraum für sich allein bekommen solle.« Er war sehr froh über diese Möglichkeit sich zurückzuziehen. Die »Niagara« traf sehr schlechtes Wetter an, und obwohl Delane entschlossen war, »so lange wie möglich zu widerstehen«, und deshalb in dem Glauben, eine schnelle Folge von Mahlzeiten sei das beste Vorbeugungsmittel gegen Seekrankheit, um 13.00 Uhr lunchte, um 16.00 Uhr dinierte, um 20.00 Uhr Tee trank und um 22.00 Uhr zu Abend aß, brachte er doch einen großen Teil seiner Zeit damit zu, entweder sich hinzulegen, bevor er aufstand, oder sich hinzulegen, nachdem er aufgestanden war. Als sich das Wetter gebessert hatte, hielt er sich an Deck auf, spielte abends Whist, hörte guten Yankee-Anekdoten zu und lauschte eines Abends mit Genuß einem improvisierten Konzert, das, verschönt durch reichliche Mengen Punsch, »bis lange nach Mitternacht dauerte«.

Am Sonntag nahm Delane an einem Gottesdienst teil, den ein freikirchlicher Geistlicher abhielt, Montag an einer Vorlesung eines spiritistischen Passagiers. So ging die Reise weiter, und Delane hatte Gelegenheit, seine Mitreisenden kennenzulernen und darüber in seinem Tagebuch zu notieren: »Es ist ein bemerkenswerter Beweis für den allgemeinen Wohlstand in den Vereinigten Staaten, daß wir fünf Männer an Bord haben, die alle erst mittleren Alters, alle sehr reich und alle die Baumeister ihres eigenen Vermögens sind.

Baumeister seines eigenen Vermögens, das war ein Ausdruck, der gut auf E. K. Collins paßte, der ein zäher und mutiger Kämpfer war. Trotz der privaten häuslichen Sorgen und geschäftlichen Rückschläge, die ihn so hart getroffen hatten, gab er den Kampf nicht auf.

Als Antwort auf die »Persia« und als Ersatz für die verlorene »Arctic« erteilte er Georg Steers in New York den Auftrag für einen Dampfer, der das Ansehen seiner Gesellschaft wieder herstellen sollte. Dieses Schiff, die »Adriatic«, war der letzte hölzerne Raddampfer, der für den Nordatlantik gebaut wurde. Seine Daten: Länge über alles 107,1 m; zwischen den Loten 104,7 m; Breite 15,2 m; über Radkästen 24,1 m; Raumtiefe 10,0 m. Ihre Maschine mit 1300 PSn stammte von Stillman & Allen, New York. Der tägliche Kohlenverbrauch belief sich auf 145 Tonnen; die Konstruktionsgeschwindigkeit war 13 Knoten. Das Schiff hatte Einrichtungen für 316 Passagiere erster und 60 zweiter Klasse. Die Zahl der Rettungsboote wurde auf 16 erhöht, ein bedeutender Fortschritt in der Schiffssicherheit.

Am 8. April 1856 lief die »Adriatic« vom Stapel; erst am 23. November 1857 trat sie mit 38 Passagieren ihre Jungfernreise nach Liverpool an. Bei ihrer Ankunft auf dem Mersey nach zehntägiger Überfahrt wurde die »Adriatic« von den Zuschauern am Strom als das »bis auf den heutigen Tag schönste Dampfschiff« gefeiert.

Aber diese Bemühungen kamen zu spät. Die Entscheidung des Kongresses, die Postsubvention von 853 000 Dollar jährlich auf 385 000 Dollar herabzusetzen, machte es Collins unmöglich, seine Schiffe das ganze Jahr hindurch in Fahrt zu halten. Im Februar 1858, die »Adriatic« hatte gerade zwei Reisen gemacht, entschloß sich die Gesellschaft, ihren Betrieb einzustellen.

Am 1. April fand eine öffentliche Auktion an der Pier der Collins Line in New York statt, bei der nur ein einziges Gebot abgegeben wurde. Die »Atlantic«, »Baltic« und »Adriatic« wechselten für 50 000 Dollar den Besitzer.

So fand Collins Verbindung mit dem Atlantik ihr Ende. Von den drei Schiffen wurde die »Adriatic«, nachdem sie drei Jahre lang aufgelegen hatte, an die Galway Line verkauft. Als diese Gesellschaft 1864 ihren Dienst einstellte, wurde das Schiff in Birkenhand aufgelegt und schließlich verkauft, um in Bonny an der Küste West-Afrikas als Lagerschiff zu dienen.

Bezwungen von Schiffsunglücken, denen der finanzielle Zusammenbruch folgte, hatte Collins aufgeben müssen. Die Cunard Line hatte den bisher schärfsten Wettbewerb überlebt, wenn sie auch im Verlauf des Kampfes wirtschaftlich schlimm zugerichtet worden war. Die »Persia« hatte das Blaue Band des Atlantik für Cunard und für Großbritannien wiedergewonnen. Obwohl immer mehr Reeder Dampfer-Linien auf dem Atlantik einrichteten, besonders die britische Inman Line 1850 und die deutsche Hamburg-Amerika Linie 1856, sprach nichts dafür, daß die wiedergewonnene Vorherrschaft Cunards mit einer neuen Herausforderung zu rechnen hatte.

In den USA hatte die Liquidation der Collins Line lautstarke Vorwürfe innerhalb und außerhalb des Kongresses hervorgerufen. Eine verärgerte amerikanische Öffentlichkeit empfand den amerikanischen Rückzug vom Atlantik als einen Affront ihres nationalen Stolzes. Ein Amerikaner, Cornelius Vanderbilt, unternahm es, eine letzte Geste der Verteidigung zu machen. Commodore Vanderbilt, wie er allgemein genannt wurde, gehörte zu einer Gruppe rücksichtsloser Geschäftsleute, die in den 50er Jahren des 19. Jahrhunderts den Aufbau New Yorks zu einer großen und blühenden Stadt und einem Zentrum des amerikanischen Handels mit der Welt forcierten. Von holländischer Abkunft, hatte Vanderbilt schon als junger Mann die fast grenzenlosen Möglichkeiten der Dampfschiffahrt erkannt. Er begann mit der Einrichtung eines Hudson-Fährdienstes in New York, wobei er jeglichen Wettbewerb rücksichtslos dadurch unterband, daß er die Fahrpreise auf ein wirtschaftlich fast nicht mehr tragbares Maß drückte, bis er schließlich ein Verkehrsmonopol errichtet hatte, das ihm ein Vermögen einbrachte. Später gründete er die Vanderbilt Line, die Goldsucher einschließlich der Einwanderer aus Europa nach den Goldfeldern Kaliforniens brachte und Nachschubgüter von New York nach Aspinwall zum ersten Abschnitt der Straße zu den Goldfeldern beförderte. Es war ein blühendes Geschäft.

Vanderbilt wandte sich nunmehr dem Nordatlantik-Verkehr zu, war hier aber nicht so erfolgreich. Er richtete mehrere Anträge auf Einschaltung in den Postdienst an den Kongreß, fand aber die Collins Line so fest im Sattel, daß er hier nicht vorankam. Schließlich entschloß er sich, einen Nordatlantik-Dienst ohne finanzielle Unterstützung aufzuziehen. Zu diesem Zweck zog er Dampfer aus seinem Panama-Dienst und gründete die Vanderbilt European Line, die Reisen von New York nach Southampton (Cowes) und Le Havre unternahm.

Anfangs wurden diese Reisen von dem 2000 BRT Dampfer »North Star« gemacht, der am 21. April 1855 zur ersten Transatlantik-Reise von New York auslief. Ihm folgte die 1736 BRT große »Ariel«, die am 20. Mai den Dienst aufnahm. Beide waren hölzerne Raddampfer, die Vanderbilt von seinem Neffen Jeremiah Simonson in New York hatte bauen lassen. Die Maschinenanlagen waren von Secor and Braisted in den Allaire Works, New York, gebaut worden. Beide Schiffe hatten sehr luxuriöse Passagiereinrichtungen. Die »North Star« hatte Vanderbilt ursprünglich für seinen persönlichen Gebrauch als Privatyacht bauen lassen. Er war auf dem Schiff mit seiner Familie und Freunden im Mai 1853 nach Europa gereist, um England, St.

Petersburg und einige Mittelmeerhäfen zu besuchen. Ermutigt durch den Erfolg seines Transatlantik-Dienstes gab Vanderbilt bei Jeremiah Simonson sein größtes und ehrgeizigstes Projekt in Auftrag.

Am 17. Dezember 1855 lief die »Vanderbilt« vom Stapel, wohl der prachtvollste Raddampfer, der je den Atlantik kreuzte. Das Schiff war als Brigg getakelt und hatte zwei Schornsteine. Ihre Maschinen entwickelten etwa 950 PSn; die vorgesehene Geschwindigkeit betrug nahezu 13 Knoten.

Die »Vanderbilt« trat ihre Jungfernreise von New York nach Southampton und Le Harve am 5. Mai 1857 an. Einen Monat später stellte die Ocean Steam Navigation Company, die den Postkontrakt der amerikanischen Regierung für die New York–Bremen-Route hatte, ihren Dienst ein. Vanderbilt sah zuguterletzt wenigstens teilweise einen seiner ehrgeizigen Wünsche erfüllt. Er bekam den Kontrakt für den Transport der amerikanischen Post nach Bremen und dehnte seine Fahrt auf diesen deutschen Hafen aus. Erst nach dem Zusammenbruch der Collins Line unternahm Vanderbilt den Versuch, das Blaue Band in die Vereinigten Staaten zurückzuholen. Im August 1857 machte die »Vanderbilt« unter Kapitän Lefebure die Reise von New York nach Southamton in 9 Tagen, 8 Stunden, mit einer Durchschnittsgeschwindigkeit von 13,87 Knoten. Das war unzweifelhaft die schnellste Reise, die je auf der Kanalroute gemacht worden war. Sie lag jedoch erheblich über der Rekordzeit der »Persia«. Im April 1860 stellte die »Vanderbilt« einen neuen Rekord für die Kanalroute auf, als sie in 9 Tagen und 5 Stunden mit einer Durchschnittsgeschwindigkeit von 13,9 Knoten die Überfahrt von Southampton nach New York schaffte.

Es war ein tapferer Versuch gewesen, doch hatte es nicht ganz gereicht. Das Blaue Band blieb in Großbritannien.

Bei Ausbruch des amerikanischen Bürgerkrieges 1861 stellt Vanderbilt mit einer flammenden Geste die »Vanderbilt« der

Bundesregierung als Hilfskreuzer gegen die Südstaaten zur Verfügung. Die anderen Schiffe seiner Flotte wurden als Transporter beschlagnahmt. Nach dem Krieg lebte dieser Atlantik-Dienst nie wieder auf. Vanderbilt wandte seine Aufmerksamkeit den Eisenbahnen zu, einem ertragreicheren Unternehmen.

Der Kampf um die Vorherrschaft 1862 bis 1876

ETRURIA

Für die britischen Schiffbauer und Reeder begann ein Goldenes Zeitalter, in dem sie 41 Jahre lang auf dem Nordatlantik dominierten. 41 Jahre lang blieb das Blaue Band im Besitz von Schiffen, die das Red Ensign, die britische Handelsflagge, führten.

Britische Reedereien wie Cunard, Inman, Guion, National und White Star kämpften um die Vorherrschaft. Es waren die Jahre, in denen im Schiffbau das Eisen vom Stahl abgelöst wurde. Die Seiten-Antriebsräder wichen dem Schraubenantrieb und die einfach wirkenden Maschinen wurden zu Compoundmaschinen weiterentwickelt.

Es waren die Jahre, in denen die Passagiereinrichtungen neue Höhen des Luxus erreichten und in denen die amerikanischen Postdampfer schließlich übertroffen wurden.

Begonnen hatte es 1856 mit der Indienststellung des eisernen Raddampfers »Persia«, der das Blaue Band von den »fliegenden« Collins Linern zurückgewonnen hatte und damit die Bevorzugung durch den launischen Fahrgast, dem das Prestige alles bedeutete. Die »Persia« hielt den Rekord sieben Jahre lang, allerdings unter erschreckenden Kosten für ihre Eigner. Um ihren Ruf, schnelle Reisen zu machen, aufrechtzuerhalten, verbrannte sie täglich bis zu 150 Tonnen Kohle! Diese Extravaganz war um so besorgniserregender, als die Cunard Line in schnellem Tempo von der Inman Line überholt wurde.

Von ihrer Gründung im Jahr 1850 an hatte diese in Liverpool beheimatete Gesellschaft Schiffe laufen lassen, die mit dem »neuen System des Schraubenantriebs« ausgestattet waren, das u. a. den Vorteil hatte, den Kohlenverbrauch gegenüber Raddampfern um etwa die Hälfte zu reduzieren. Die Rivalität wurde akut, als im Jahre 1858 die Inman Line, die bisher die Route Liverpool–Philadelphia bedient hatte, sich für New York als ihrem Hauptzielhafen entschied. Ein weiteres Problem machte Cunard Kopfschmerzen. 1852 begann Inman, der entsetzt war über die Bedingungen, unter denen Auswanderer auf den Postschiffen zu reisen gezwungen waren, auf den Schiffen seiner Flotte eine Zwischendecks-Klasse einzurichten. Seine Reederei war die erste, die derartige Einrichtungen für die Auswanderer vorsah. Die Cunard Line hatte das Auswanderergeschäft aus zwei Gründen vernachlässigt. Erstens verlangte der Postdienst den Betrieb schneller Expreß-Schiffe, die, weil die Admiralität darauf bestand, Raddampfer sein mußten. Dies bedingte zweitens die Mitnahme solcher Mengen Kohle, daß unter Deck wenig Platz für Ladung, geschweige denn für Auswanderer, verfügbar blieb. Es war klar, daß die Bedrohung durch Inman ernst genommen werden mußte. Cunard leitete in charakteristischer Weise Gegenmaßnahmen ein. Er bestellte zwei Schiffe bei Robert Napier & Sons in Glasgow, nämlich die »Scotia«, einen Raddampfer von 3871 BRT für den Postdienst, und die »China«, einen Schraubendampfer von 2539 BRT mit Einrichtungen für 160 Kabinenklassen- und 771 Zwischendecks-Passagiere. Obwohl die »China« für eine Geschwindigkeit von 13,9 Knoten konstruiert war, bestand nicht die Absicht, das Schiff irgendwelche Rekordreisen machen zu lassen. Sie verließ Liverpool zu ihrer Jungfernreise nach New York am 15. März 1862 und erwies sich sehr bald als eine gewinnbringende Investition.

Die »Scotia« hingegen, der letzte und großartigste Atlantik-Raddampfer, fesselte alsbald das Interesse der Öffentlichkeit. Mit einem Kostenaufwand von 170 000 Pfund gebaut, war sie ein weit größeres Schiff als die »China«. Ihre Hauptabmessungen waren: Länge über alles 121,9 m; Länge zwischen den Loten 115,5 m; Breite 14,5 m; über Radkästen 23,3 m; Raumtiefe 9,3 m. Sie war mit Seitenhebelmaschinen ausgerüstet, die 400 PSn entwickelten und eine Dienstgeschwindigkeit von 14,4 Knoten garantierten. Der Kohleverbrauch betrug 164 Tonnen täglich, gegenüber 82 Tonnen für die »China«. Das Schiff hatte Einrichtungen für 300 Passagiere der Kabinenklasse, die 26 Pfund für die einfache Fahrt und 50 Pfund für die Reise hin und zurück zu zahlen hatten.

Unterkunft für Zwischendeck-Passagiere war nicht vorgesehen, dafür aber Laderaum für 1400 t Fracht.

Die »Scotia«, die am 25. Juni 1861 vom Stapel lief, wurde im Frühjahr 1862 fertig und machte am 5. März ihre Probefahrt, bei der sie trotz schlechten Wetters eine Geschwindigkeit von 16,51 Knoten erreichte. Als sie auf dem Mersey eintraf, fand das schöne Zwei-Schornsteinschiff augenblicklich begeisterte Zustimmung.

1862 war kein sonderlich günstiges Jahr für die Indienststellung eines Dampfers auf der Liverpool–New York-Route. Der Ausbruch des amerikanischen Bürgerkrieges 1861 hatte zu einem drastischen Absinken des transatlantischen Fahrgastverkehrs geführt. Infolgedessen lag die »Scotia« in Liverpool zwei Monate untätig im Hafen und trat erst am 10. Mai unter Kapitän Judkins ihre Jungfernreise nach New York an. Nur die Hälfte ihrer Kabinen war belegt. Die britische Öffentlichkeit erwartete voller Zuversicht, daß die »Scotia« alle atlantischen Rekorde brechen würde. Die »Persia« hielt jedoch zäh an ihrem Blauen Band fest. Erst im Dezember 1863 gelang es der »Scotia« auf einer Reise von New York nach Queenstown in 8 Tagen und 3 Stunden mit einer Durchschnittsgeschwindigkeit von 14 Knoten den Rekord zu brechen. Im Juni 1864 sicherte sie sich das Blaue Band auch in der Westrichtung. Sie lief von Queenstown nach New York in 8 Tagen 4 Stunden und 34 Minuten mit einer Durchschnittsgeschwindigkeit von 14,54 Knoten. Damit war die »Scotia« für die nächsten drei Jahre die unbestrittene Königin des Atlantik.

Diese Jahre brachten eine bemerkenswerte Beschleunigung des Wettbewerbs auf dem Nordatlantik. Sie sahen die Gründung und Entwicklung von Reedereien, die später Herausforderer im Kampf um das Blaue Band werden sollten. In Großbritannien unterhielten neben Cunard und Inman die National Line (zu deren Direktoren auch ein junger Mann namens T. H. Ismay, späterer Gründer der White Star Line, zählte) und die Guion Line von Liverpool aus Liniendienste. Letztere Gesellschaft war von Stephen Barker Guion gegründet worden. Guion war amerikanischer Staatsbürger und Gesellschafter in der Firma Williams & Guion, den Eignern der Black Star Line, die mit schnellen Seglern zwischen New York und Liverpool fuhr. Als der Auswandererverkehr auf Segelschiffen zugunsten der Dampfschiffe an Boden zu verlieren begann, entschloß sich Guion, eine eigene Dampfschiffahrtsgesellschaft unter der offiziellen Bezeichnung Liverpool and Great Western Steam Ship Company zu gründen. Er erteilte Aufträge für vier Schiffe an die Werft von Palmers in Jarrow-on-Tyne. Obwohl Guion und seine Mit-Direktoren Amerikaner waren, durften ihre Schiffe nach einer 1846 vom Königlichen Gericht im London getroffenen Regelung unter britischer Flagge laufen, da sie in Großbritannien gebaut und registriert waren.

Jenseits des Englischen Kanals hatte sich die Hamburg-Amerika Linie fest etabliert. Der Norddeutsche Lloyd hatte 1858 Linienfahrten nach New York aufgenommen; 1861 war die Compagnie Générale Transatlantique gegründet worden. Alle diese drei Gesellschaften liefen auf ihren Reisen nach New York Southampton an, was aber für die Liverpooler Reeder nicht viel bedeutete. Aus dieser Richtung kam keine Bedrohung des Wettbewerbs zwischen Cunard und Inman.

Unterdessen hatte die britische Admiralität ihre Vorschrift, daß keine schraubengetriebenen Dampfer im Cunard-Postdienst operieren durften, aufgehoben. Dankbar für den Wegfall dieser Beschränkung verlor die Gesellschaft keine Zeit, einen Auftrag für einen Schraubendampfer zu placieren, der neben der »Scotia« laufen sollte. Der Vertrag für das Schiff wurde an J. and G. Thomson in Clydebank vergeben.

Als letzter Cunarder mit Clipperbug und Gallionsfigur war die »Russia« eines der elegantesten Schiffe in der Nordatlantikfahrt. Der Schönheit ihrer Linien entsprach die verschwenderische Pracht ihrer Einrichtungen für 235 Kabinen-Passagiere. Mit 2960 BRT vermessen, war das Schiff 109,1 m lang und 13,1 m breit bei einer Raumtiefe von 8,5 m. Die Maschine leistete 3100 PSi für 14,4 Knoten bei einem Kohlenverbrauch von 90 Tonnen pro Tag. Ihre erste Reise von Liverpool nach New York begann sie am 15. Juni 1867. Fünf Monate später, im November, nahm sie der »Scotia« den Rekord für die West-Ost-Überquerung ab, indem sie die Reise von New York nach Queenstown in 8 Tagen und 28 Minuten bei einer Durchschnittsgeschwindigkeit von 14,22 Knoten bewältigte. Es blieb die einzige Rekordreise der »Russia«, die als erstes schraubengetriebenes Schiff das Blaue Band errang. Bei ihrer Indienststellung stand die »Russia« im direkten Wettbewerb mit dem Inman-Liner »City of Paris«, der sein Debüt im Nordatlantik am 21. März 1866 gab. Dieses Schiff war bei Tod & McGregor in Glasgow gebaut worden, wie die meisten Inman-Schiffe. Die Hauptabmessungen: Länge über alles 109,4 m; Länge zwischen den Loten 105,5 m; Breite 12,3 m; Raumtiefe 8,1 m; die Maschinen leisteten 2600 PSi für 13,5 Knoten bei einem Kohlenverbrauch von 105 Tonnen pro Tag.

Was die Geschwindigkeit betraf, so gaben sich beide Schiffe nicht viel nach. So folgte der »Russia«, nachdem sie im November 1867 ihre Rekord-Reise vollendet hatte, im gleichen Monat die »City of Paris« mit einem Rekord für die Route Queenstown–New York in 8 Tagen, 4 Stunden und 1 Minute, bei einer

Durchschnittsgeschwindigkeit von 13,77 Knoten. Ihr Anspruch auf das Blaue Band rief endlose Streitigkeiten hervor, die das zunehmende öffentliche Interesse am atlantischen Schnelldampferverkehr bezeugten. Es gab viele Stimmen, die darauf hinwiesen, daß die »Scotia« zwar im Juni 1864 mehr Zeit für eine ähnliche Passage mit 8 Tagen, 4 Stunden und 34 Minuten benötigte, daß sie jedoch mit einer Durchschnittsgeschwindigkeit von 14,54 Knoten bedeutend schneller gewesen war als die »City of Paris«. Die »Scotia« hatte im Vergleich zu der »City of Paris« eine um 151 Meilen längere Route gewählt. So sehr viele Reeder diese Tatsache beklagen mochten: der Nordatlantik war abermals die Kampfbahn für Wettfahrten zwischen rivalisierenden Schiffen geworden.

Eine davon zwischen der »Russia« und der »City of Paris« fand 1868 statt und verursachte große Aufregung.

Beide Schiffe liefen von New York am 10. Februar nach Queenstown und Liverpool aus, die »City of Paris« um 13.35 Uhr, die »Russia« um 14.40 Uhr.

Nachstehend ihre Etmale in tabellarischer Darstellung:

Daten	»Russia«	»City of Paris«	Wetterbedingungen
11. Februar	245 sm	242 sm	schwere See
12. Februar	282 sm	295 sm	schwere See
13. Februar	314 sm	316 sm	mäßige Brise
14. Februar	323 sm	323 sm	mäßige Brise
15. Februar	333 sm	342 sm	»Russia«: schwerer Sturm »City of Paris«: frische Brise
16. Februar	338 sm	346 sm	»Russia«: Stürme »City of Paris«: frische Brise
17. Februar	232 sm	338 sm	»Russia«: Stürme »City of Paris«: frische Brise
18. Februar	349 sm	346 sm	mäßig
Insgesamt:	2416 sm	2548 sm	

Die »Russia« benötigte für die Reise nach Queenstown 8 Tage, 20 Stunden und 5 Minuten, die »City of Paris«, die den längeren Kurs genommen hatte, 8 Tage, 19 Stunden und 23 Minuten. Nach einem kurzen Aufenthalt in dem irischen Hafen setzten beide Schiffe die Reise nach Liverpool fort. Die »Russia« holte ihren Rückstand während dieses letzten Reiseabschnitts auf; ihre Zeit für die Gesamtreise betrug 9 Tage, 13 Stunden, 17 Minuten gegen 9 Tage, 13 Stunden und 50 Minuten der »City of Paris«. Es handelte sich nicht um Rekordreisen, aber sie bewiesen den geringen Geschwindigkeitsunterschied zwischen den beiden Schiffen. Der Streit über die Frage, welches der zwei Schiffe das schnellere sei, wurde im Jahre 1869 mit der Indienststellung des Inman-Liners »City of Brussels« beigelegt. Das 3081 BRT große Schiff war gleichfalls bei Tod & Mc Gregor gebaut worden. Auf ihrer zweiten Heimreise im Dezember 1869 lief sie in 7 Tagen 22 Stunden und 3 Minuten von New York nach Queenstown, wobei sie eine Durchschnittsgeschwindigkeit von 14,66 Knoten entwickelte. Mit dieser Leistung beendete die »City of Brussels« jeglichen Zweifel in Angelegenheiten Blaues Band. Sie war das erste Dampfschiff, das die Atlantiküberquerung in weniger als 8 Tagen geschafft hatte! Damit war die Cunard Line in die zweite Reihe gedrängt worden. 15 Jahre vergingen, ehe sie den Wettbewerb wieder aufnahm.

Die Inman Line führte. Sie hielt nicht nur das Blaue Band; die Flotte der Gesellschaft hatte im Ganzen eine beherrschende Position in der Fahrgastschiffahrt nach Amerika gewonnen. Die Listen über die Abfertigung von Passagieren aus dem Vereinigten Königreich nach New York im Jahre 1870 ergeben folgendes Bild:.

Reederei	Anzahl der Reisen	Kabinen-Fahrgäste	Zwischendeck-Fahrgäste	Gesamt
Inman	68	3635	40 465	44 100
National	56	2442	33 494	35 736
Guion	55	1115	27 054	28 569
Anchor	74	1637	23 404	25 041
Cunard	70	7638	16 871	24 509

Diese Zahlen waren für drei Männer in Liverpool von besonderem Interesse. Thomas Ismay, Georg H. Fletcher und William Imrie waren trotz des scharfen Wettbewerbs drauf und dran, eine neue Dampferlinie im Liverpool–New York-Dienst zu eröffnen. Sie hatten am 6. September 1869 in London die Oceanic Steam Navigation Company gegründet, die unter dem Namen White Star Line weltbekannt werden sollte. Gleichzeitig hatten sie bei der Belfaster Werft Harland & Wolff vier 3700 BRT große Schiffe bestellt, die die Namen »Oceanic«, »Atlantic«, »Baltic« und »Republic« bekommen sollten.

Als Direktoren der National Line besaßen Ismay und Fletcher praktische Erfahrungen in der Nordatlantikfahrt. Sie hatten zusammen mit Harland & Wolff ausführlich und ins einzelne gehend die Schiffe der Cunard- und Inman-Flotten studiert und festgelegt, welche Verbesserungen bei der Konstruktion der Rümpfe und der Maschinenanlagen sowie bei der Fahrgastunterbringung gemacht werden sollten, um die besten und schnellsten Schiffe zu bauen.

Das erste Schiff der Withe Star Line war die 3707 BRT große »Oceanic«. Sie war 128,1 m lang und 12,4 m breit bei einer Raumtiefe von 9,5 m. Als Antrieb dienten zwei Satz Verbundmaschinen von Maudsley Son and Field in London, die dem Einschraubenschiff eine Geschwindigkeit von 14 Knoten verleihen sollten. Zu Beheizung von 12 Kesseln dienten 24 Feuerungen, die 60 t Kohle pro Tag verbrauchten. Es waren Einrichtungen für 166 Erste-Klasse-Passagiere und für 1000 Auswanderer in der Zwischendecksklasse vorgesehen. Niemals vorher hatte es in einem derartigen Maße Komfort und Annehmlichkeiten auf einem Schiff gegeben. Vollkommen neu war die Verlegung der Erste-Klasse-Kabinen von achtern nach mitschiffs, wo sich die durch die Schiffsschraube hervorgerufene Vibration am wenigsten bemerkbar machte. Der Speisesaal mit seinen 25 m Länge nahm die volle Breite des Schiffes ein, wobei die groß dimensionierten Bullaugen dem Raum eine Helligkeit gaben, die die Passagiere ebenso entzückte wie die Einzelstühle, die die langen bankähnlichen Sitze an den Tischen ersetzten. Die Passagierkabinen lagen vor und hinter dem Speisesaal und waren nicht nur doppelt so groß wie bisher gewohnt, sondern sämtlich Außenkabinen mit fließendem Wasser. Zu den allgemeinen Aufenthaltsräumen gehörte auch ein Damensalon und für die Herren ein gemütlicher Rauchsalon mit einem offenen Kamin. Mit der Einrichtung der Zwischendecksunterkünfte wurde nicht so viel Aufhebens gemacht, doch waren sie angemessen und zweckdienlich. Allein reisende männliche Auswanderer wurden vor dem Erste-Klasse-Salon untergebracht, von dem sie durch massive eiserne Türen getrennt waren. Verheiratete und ihre Familien wurden im Achterschiff untergebracht, ebenso alleinstehende Frauen.

Die »Oceanic« lief am 27. August 1870 vom Stapel und traf am 26. Februar 1871 auf dem Mersey ein. Mit ihren vier schlanken Masten, ihrem langen schwarzen Rumpf, ihrer eisernen Reeling, die an die Stelle des üblichen Schanzkleides getreten war, und ihrem beigen Schornstein mit dem schwarzen Topp, der Schornsteinmarke der White Star Line, erregte sie beträchtliches Aufsehen. Unter Kapitän Murray lief die »Oceanic« am 2. März zu ihrer Jungfernreise von Liverpool nach New York aus. Ihr Start stand nicht gerade unter einem günstigen

Stern. Nur 64 der 1166 Fahrgastplätze waren gebucht. Wenige Stunden nach dem Auslaufen liefen die Lager der Hauptmaschinen heiß, worauf das Schiff Holyhead zur Reparatur anlaufen mußte. Die Behebung der Schäden war dort nicht möglich, so daß sich Kapitän Murray zur unrühmlichen Umkehr nach Liverpool entschließen mußte. Erst am 16. März konnte die »Oceanic« wieder auslaufen. Diesmal lief alles gut. Bei ihrer Ankunft bereitete ihr New York einen begeisterten Empfang.

Während seines Aufenthaltes wurde das Schiff, »dessen Wunder alle Erwartungen übertrafen«, von 50 000 New Yorkern besichtigt. Eine Rekordreise hat die »Oceanic« niemals gemacht. Diese Auszeichnung mußte sie ihrer Schwester »Adriatic« überlassen, einem Schiff von 3888 BRT, das seine Jungfernreise von Liverpool nach New York am 4. Mai 1872 antrat und die Überfahrt von Queenstown in 7 Tagen, 23 Stunden und 17 Minuten mit einer Durchschnittsgeschwindigkeit von 14,41 Knoten machte. Im Januar 1873 machte dann die schon 1872 in Dienst gestellte »Baltic« Geschichte, als sie die Reise von New York nach Queenstown in 7 Tagen, 20 Stunden und 9 Minuten hinter sich brachte. Es war das erste Mal, daß eine Durchschnittsgeschwindigkeit von über 15 Knoten erreicht worden war.

Der Triumph der White Star Line wurde jedoch schon drei Monate später durch den tragischen Verlust der »Atlantic« überschattet. Das Schiff war am 20. März unter Kapitän Williams mit 811 Passagieren, einer Besatzung von 141 Mann und 1836 t Ladung von Liverpool ausgelaufen. Fünf Tage später geriet die »Atlantic« in schwere Stürme, die sie zwangen, ihre Geschwindigkeit auf 5 Knoten herabzusetzen. Am 31. März, als das Schiff normalerweise schon sicher in New York hätte liegen müssen, meldete Chefingenieur Foxley, daß der Kohlenbestand auf 127 Tonnen zusammengeschmolzen sei, während das Schiff noch 460 Meilen vor sich habe. Kapitän Williams entschloß sich daraufhin nach Halifax zu gehen und änderte dem-

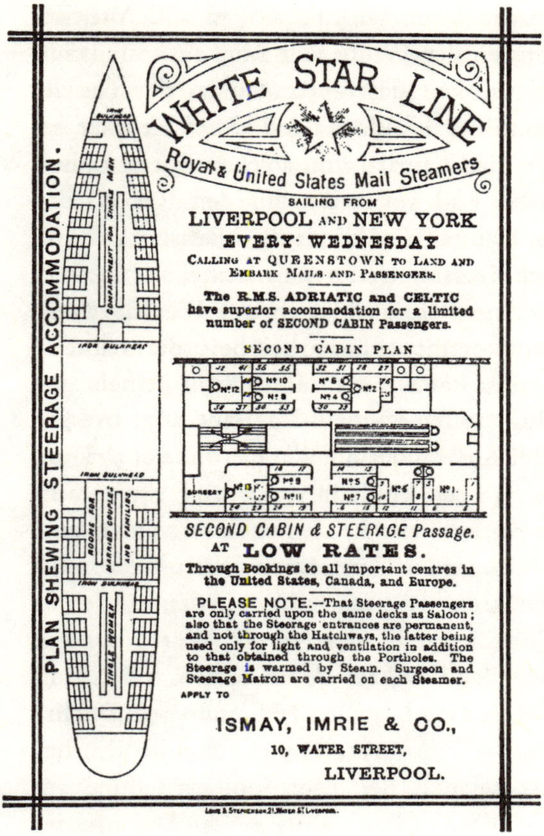

Eine Anzeige der White Star Line, auf der im Plan links die Anordnung der Zwischendeckseinrichtungen erkennbar ist.

entsprechend Kurs. Um 3.50 Uhr rannte die »Atlantic« auf Meagher's Rock auf Maris Head, etwa 20 Meilen von Halifax, auf Grund. Es war sofort klar: Für das Schiff gab es keine Hoffnung, für Passagiere und Besatzung nur sehr geringe.

Von 952 Menschen an Bord ertranken 585. Die Geretteten verdankten ihr Leben allein der Tapferkeit eines Offiziers namens Owens, der sich eine Leine umband und es fertigbrachte, die wütende Brandung zu durchschwimmen, um eine Verbindung zwischen dem Schiff und Meagher's Rock herzustellen.

Die Ereignisse, die zu dieser Tragödie führten, und die schweren Verluste an Menschenleben wirkten sich in außerordentlichem Maße zuungunsten der White Star Line aus. Für lange Zeit verlor die Öffentlichkeit das Vertrauen zu der Gesellschaft – wieder einmal zählte das Blaue Band nichts. Kritiker erwähnten die Tatsache, daß Cunard von solchen Katastrophen immer freigeblieben sei und verwiesen auf den Rekord des Cunard-Kommodore, Kapitän Cook, der die »Russia« auf 100 Rundreisen über eine Gesamtstrecke von mehr als 600 000 Meilen in allen Wetterlagen ohne jeglichen Unfall geführt und 26 076 Passagiere in vollkommener Sicherheit befördert habe.

Der Popularitätsverlust hätte die White Star in keinem ungünstigeren Augenblick treffen können. Das Jahr 1873 brachte einen Höhepunkt in der Auswanderung von Europa mit 378 000 Menschen gegenüber 338 000 im Jahr zuvor und 287 478 im Jahr 1870. Dies war ein zusätzlicher Anreiz für rivalisierende Gesellschaften, neue Tonnage in Auftrag zu geben, die zumindest den gleichen Standard aufweisen sollte wie die Schiffe der White Star Line. Von diesen Konkurrenten visierte nur die Inman Line das Blaue Band an, als sie bei Caird and Co. in Greenock die »City of Berlin« bestellte. In diesem Schiff kehrten viele Neuerungen der White Star Line, einschließlich des Mittschiffs-Speisesaals, wieder. Bei ihrer Indienststellung am 29. April 1875 war die »City of Berlin« der größte Dampfer im Atlantikdienst. Die Inman Line hatte den langen Clippersteven als attraktive Besonderheit beibehalten. Das 5491 BRT große Schiff war 158,5 m über alles und 149,0 m zwischen den Loten lang, bei 13,5 m Breite und einer Raumtiefe von 10,6 m.

Die »City of Berlin« war mit Zweizylinder-Compoundmaschinen von 4800 PSi für eine Geschwindigkeit von 15 Knoten ausgestattet. Die Zahl der vorgesehenen Plätze für Kabinen-Passagiere betrug 202, die für Zwischendecks-Passagiere nicht weniger als 1500. Innerhalb weniger Monate nach ihrer Indienststellung entthronte die »City of Berlin« den Rekordhalter der White Star Line »Adriatic«, als sie im September 1875 die

Strecke von Queenstown nach New York in 7 Tagen, 18 Stunden und 2 Minuten mit einer Durchschnittsgeschwindigkeit von 15,21 Knoten zurücklegte. Einen Monat später konsolidierte sie ihren Erfolg mit einer Rekordheimreise von 7 Tagen, 15 Stunden mit 15,41 Knoten Durchschnittsgeschwindigkeit. Das war eine glänzende Leistung, aber die »City of Berlin« sollte sich ihres Triumphes nicht lange erfreuen dürfen.

Entschlossen, die Spitze zu halten, und auf diese Weise einiges von ihrem verlorenen Prestige wieder herzustellen, hatte die White Star Line bei Harland & Wolff zwei Schwesterschiffe in Auftrag gegeben, die mit zu den berühmtesten Schiffen in der Geschichte des Nordatlantik gehören. »Britannic« und »Germanic«, wie sie genannt wurden, waren 138,7 m lang, 13,3 m breit und hatten eine Raumtiefe von 10,2 m. Die 5004 bzw. 5008 BRT großen Schiffe hatten Einrichtungen für 220 Passagiere 1. Klasse und 1500 im Zwischendeck. Vierzylinder-Compoundmaschinen garantierten eine Geschwindigkeit von 15 bis 16 Knoten. Die Schiffe hatten vier Masten und waren die ersten Zweischornsteiner der White Star Line.

Die »Britannic« (I) hatte ursprünglich einen Versuchspropeller, dessen Schaft in der Höhe verstellbar war. Man wollte den Propeller in Wasser größerer Dichte absenken, um so die Geschwindigkeit des Schiffes zu steigern. Diese Neuerung brachte jedoch keinen Erfolg, so daß das Schiff nach einigen Reisen nach Belfast zurückkehrte, wo eine normale Schraube eingebaut wurde.

Am 2. Februar 1874 vom Stapel gelaufen, verließ die »Britannic« Liverpool zu ihrer Jungfernreise nach New York am 25. Juni 1874. Sie brauchte einige Zeit, um sich einzulaufen. So war es ihr Schwesterschiff »Germanic«, das am 15. Juni 1874 vom Stapel gelaufen und am 20. Mai 1875 in Dienst gestellt worden war, das die ersten der vielen Rekordreisen machte, die ihnen einen so großen Ruf als Schiffe von Beständigkeit und Regelmäßigkeit der Leistung eintrugen. Die »Germanic« jagte der

»City of Berlin« im Februar 1876 das Blaue Band mit einer Reise New York–Queenstown in 7 Tagen, 15 Stunden und 17 Minuten ab. Sie lief dabei einen Durchschnitt von 15,78 Knoten. Im Juli des gleichen Jahres drückte die »Britannic« den Westrekord um 1 Stunde, 27 Minuten und verbesserte ihn im November nochmals durch eine Reise Queenstown–New York in 7 Tagen, 13 Stunden und 11 Minuten mit einer Durchschnittsgeschwindigkeit von 15,25 Knoten.

Das öffentliche Interesse konzentrierte sich nun auf den Wettbewerb zwischen diesen beiden Schiffen, die denn auch für einige Sensationen sorgten. Im April 1877 lief die »Germanic« in 7 Tagen, 11 Stunden und 37 Minuten von Queenstown nach New York und entwickelte dabei eine Durchschnittsgeschwindigkeit von 15,5 Knoten, und im darauffolgenden August machte die »Britannic« eine ähnliche Reise in 7 Tagen, 18 Stunden und 53 Minuten bei 15,25 Knoten Durchschnitt. In Ostrichtung lief die »Germanic« im Februar 1876 in 7 Tagen, 15 Stunden und 17 Minuten. Durchschnitt 15,75 Knoten; ein Rekord, der von der »Britannic« im Dezember 1876 überboten wurde, als sie in 7 Tagen, 12 Stunden und 41 Minuten mit einer Durchschnittsgeschwindigkeit von 15,95 Knoten herüberkam!

Das Blaue Band war wieder im Besitz der White Star Line, und alle Anzeichen deuteten darauf hin, daß dies so bleiben würde. Die Inman Line war aus dem Rennen geworfen, und die Cunard Line, nicht mehr im alleinigen Besitz des jetzt zwischen Cunard, Inman und White Star aufgeteilten britischen Postkontrakts, beschränkte sich darauf, dem Wettbewerb der anderen zuzusehen und sich auf die Indienststellung bequemer, aber langsamerer 13-Knoten-Passagierschiffe zu konzentrieren. Die National Line hielt sich unbeirrt an das Auswanderergeschäft, und so blieb nur ein möglicher weiterer Bewerber, die Guion Line. Von dieser Seite kam dann auch wirklich die Herausforderung. Nachdem sie ihren Nordatlantik-Dienst dreizehn Jahre lang betrieben und sich einen zuverlässigen Ruf erworben hatte, entschied sich die Direktion, zum ersten Male einen Schnelldampfer in Auftrag zu geben, der das Blaue Band gewinnen konnte.

Dieses Ziel im Auge, trennte sie sich 1879 von ihrer bisher bevorzugten Werft und vergab den Auftrag an John Elder and Co., Fairfield, Glasgow. Diese Firma war 1878 von dem Meisterschiffbauer William Pearce übernommen worden. Die Tatsache, daß geschäftliche Verbindungen zwischen Pearce und der Guion Line bestanden, deren leitender Direktor er eine Zeitlang gewesen war, mag zum Teil den plötzlichen Wechsel in der Politik der Guion Line erklären.

Für das neue Schiff mit dem Namen »Arizona« standen die »Britannic« und »Germanic« in hohem Maße Modell. Die »Arizona« war ein Schraubendampfer von 5164 BRT; 137,2 m lang, 13,7 m breit, 10,8 m Raumtiefe. Sie hatte vier Masten, von denen Vor- und Hauptmast rahgetakelt waren, und zwei schwarze Schornsteine mit rotem Ring. Alles in allem war sie ein außerordentlich starkes und kraftvolles Schiff. Ihre Compoundmaschine leistete 6300 PSi für eine Geschwindigkeit von 16,25 Knoten. Auf den Probefahrten erreichte sie zur Freude ihrer Eigner und Erbauer 17,3 Knoten. Der tägliche Kohleverbrauch lag bei 125 Tonnen und war damit im Vergleich zu den 85 Tonnen der »Britannic« und »Germanic« außerordentlich hoch.

Die »Arizona« trat ihre Jungfernreise von Liverpool nach New York am 31. Mai 1879 an. Im Juli hatte sie den Rekord für die West-Ostreise gebrochen, als sie von New York in 7 Tagen und 11 Minuten nach Queenstown dampfte und dabei eine Durchschnittsgeschwindigkeit von 15,96 Knoten erzielte. Im selben Juli fuhr sie in 7 Tagen, 10 Stunden und 22 Minuten von Queenstown nach New York mit einem Durchschnitt von 15,73 Knoten. Dies war die kürzeste Zeit für diese Strecke, obwohl die Durchschnittsgeschwindigkeit der »Arizona« die 15,81 Knoten der »Germanic« aus dem Februar 1876 nicht übertraf.

Der Ruhm, das Blaue Band gewonnen zu haben, sollte nicht

der einzige der »Arizona« bleiben. Auf der Heimreise von New York nach Liverpool rannte sie im November 1879 unter Kapitän Jones in der Nähe der Neufundlandbänke im dichten Nebel vierkant gegen einen Eisberg, wobei ihr Bug sich ein beträchtliches Stück zusammenschob. Aber das Kollisionsschott hielt. Der Kapitän ließ das Schiff vorsichtig rückwärts gehen. Nachdem die Besatzung das Eis auf dem verformten Deck beseitigt hatte, stellte sich heraus, daß die »Arizona« keine ihre Sicherheit bedrohenden Beschädigungen davongetragen hatte. Auch Menschen waren nicht zu Schaden gekommen. So lief sie nach St. John, wo ein hölzerner Notbug angebracht wurde, damit das Schiff seine Reise nach Liverpool fortsetzen konnte. In der Seeamtsverhandlung wurde der Kapitän für schuldig befunden und sein Patent eingezogen. Kurioserweise gingen die Reederei und die »Arizona« selbst mit einem eher verbesserten Image aus der Sache hervor. Ein perverses atlantisches Reisepublikum entschied, daß ein Schiff, welches mit einem Eisberg kollidierte und trotzdem seine Reise praktisch unbeschädigt beenden konnte, wirklich das stärkste und sicherste aller Schiffe sein müsse. Die »Arizona« blieb immer ein sehr beliebtes und gern benutztes Schiff.

Ermutigt durch den Erfolg der »Arizona« ließ die Guion Line 1881 ein zweites, etwas größeres Schiff bei Elder bauen, das den Namen »Alaska« erhielt. Bei 152,4 m Länge über alles, 15,2 m Breite und 11,6 m Raumtiefe hatte es 6392 BRT.

Ihre Maschinenanlage ähnelte der der »Arizona«, war aber stärker und für eine Geschwindigkeit von 17 Knoten ausgelegt. Ebenso wie in der »Arizona« nahmen aber auch in der »Alaska« die Maschinen so viel Raum in Anspruch, daß nicht sehr viel Platz für Zwischendeckseinrichtungen übrig blieb und nur 150 Passagiere in dieser Klasse befördert werden konnten.

Die »Alaska« nahm am 29. Oktober 1881 ihren Dienst auf, als sie von Liverpool nach New York auslief. Im April 1882 machte sie Blaue-Band-Geschichte. In 7 Tagen, 6 Stunden und

43 Minuten dampfte sie mit einer Durchschnittsgeschwindigkeit von 16 Knoten von Queenstown nach New York. Diesen Rekord überbot sie im Juni 1882 auf der Rückreise mit 6 Tagen und 22 Stunden bei 16,8 Knoten! Zum ersten Male war der Atlantik in weniger als 7 Tagen überquert worden! Die Guion Line beherrschte die atlantischen Routen. Die Freude darüber war auch in den Vereinigten Staaten groß; denn obwohl die »Arizona« und »Alaska« wie die anderen Schiffe der Guion-Flotte unter britischer Flagge fuhren, waren die meisten Direktoren und Aktionäre ebenso wie die Kapitäne der Schiffe amerikanische Bürger. Der Stolz Amerikas auf die Leistungen der Guion's wurde noch größer, als bekannt wurde, daß die Gesellschaft ein drittes Schiff in Auftrag gegeben hatte. Zu diesem Entschluß führte die Einsicht, daß die Entwicklung im Schiffbau und Schiffsmaschinenbau einen Punkt erreicht hatte, an dem man mit drei schnellen Schiffen einen Dienst zwischen Liverpool und New York aufrechterhalten konnte, für den man bisher fünf Schiffe benötigte.

Wie die »Arizona« und die »Alaska« wurde dieses dritte Schiff, das den Namen »Oregon« erhielt, bei Elder & Co. gebaut. Sie war eine größere Ausgabe ihrer beiden so hervorragenden Vorgängerinnen. Ihre Hauptabmessungen waren 158,5 m Länge über alles, 152,7 m zwischen den Loten, größte Breite 16,5 m, Raumtiefe 12,2 m, 7375 BRT. Ihre dreizylindrige Compoundmaschine erregte die Bewunderung der Schiffsmaschinenbauer der ganzen Welt. Ihre Leistung von 12 500 PSi ergab eine Geschwindigkeit von 18 Knoten bei einem Kohleverbrauch von 310 Tonnen pro Tag. Bei ihrer Indienststellung am 7. Oktober 1883 war die »Oregon« das größte Schiff der Welt*. Auf ihrer dritten Westreise nahm sie der »Alaska« das Blaue Band ab, indem sie von Queenstown nach New York 6 Tage, 10 Stunden und 10 Minuten benötigte, und im April

* von der »Great Eastern« abgesehen

1884 die Reise von New York nach Queenstown in 6 Tagen, 16 Stunden und 57 Minuten mit einer Durchschnittsgeschwindigkeit von 17,48 Knoten machte.

Dies war die letzte Rekordreise der »Oregon« unter der Guion-Flagge. Die Reederei war in finanzielle Schwierigkeiten geraten und sah sich außerstande, die Raten für das Schiff an die Werft zu zahlen, weshalb sie die »Oregon« an die Fairfield Werft zurückgeben mußten. William Pearce fand sich auf diese Weise plötzlich im Besitz eines atlantischen Super-Rekordbrechers, fand aber glücklicherweise bald einen möglichen Käufer.

Kurz vorher hatte nämlich ein neuer Vorstand der Cunard Line die Absicht bekundet, den etwas verblaßten Ruf der Linie im atlantischen Fahrgastdienst durch den Bau von zwei neuen schnellen und luxuriösen Dampfern wieder aufzufrischen. Zu diesem Zweck hatten sie mit der Fairfield Werft Verbindung aufgenommen und waren eben dabei, die Pläne für die zwei Schiffe mit Pearce und Vertretern der Admiralität zu entwerfen, als die »Oregon« verfügbar wurde. Die Cunard-Direktoren, die sogleich erkannten, daß sich hier eine Gelegenheit für einen »fliegenden Start« bot, willigten ein, die »Oregon« zu kaufen. So kam es, daß der Drei-Schiffe-Expreß-Dienst, der der Guion Line vorgeschwebt hatte, nun von der Cunard Line, einer ihrer schärfsten Konkurrenten, verwirklicht wurde.

Die »Oregon« machte ihre erste Reise unter den Farben der Cunard Line am 7. Juni 1884. Sie verbesserte ihre alten Guion-Leistungen und sicherte ihrem neuen Eigner das Blaue Band. Im August dieses Jahres machte sie die Überreise von Queenstown nach New York in 6 Tagen, 9 Stunden und 42 Minuten mit einer Durchschnittsgeschwindigkeit von 18,14 Knoten. Die Heimreise beendete sie nach 6 Tagen und 11 Stunden mit 18,52 Knoten. Zum ersten Mal seit der Rekordreise der »Russia« im Jahre 1869 lag die Cunard Line an der Spitze.

Das Jahr 1884 ist aber nicht nur deswegen bemerkenswert,

weil die Cunard Line ihre führende Stellung im Nordatlantik wiedergewann, sondern mehr noch wegen der Indienststellung des Passagierdampfers »America«, der auf seiner Jungfernreise in überzeugender Weise das Blaue Band gewann. Das Schiff gehörte der National Line in Liverpool, einer Gesellschaft, die seit ihrer Gründung 1863 einen vorzüglichen Ruf als Auswanderer-Reederei genoß und die nun bei J. G. Thomson, Clydebank einen Schnelldampfer hatte bauen lassen. Die »America« war ein schönes Schiff mit einem Klippersteven, zwei nach achtern geneigten Masten und zwei extrem hohen weißen Schornsteinen mit schwarzer Kappe. Sie war einer der ersten aus Stahl gebauten Rekordbrecher. Bei 134,6 m Länge, 15,5 m Breite und 11,0 m Tiefe war sie mit 5528 BRT vermessen. Ihre Geschwindigkeit betrug 18,75 Knoten, der Kohlenverbrauch etwa 190 Tonnen pro Tag, also beträchtlich geringer als derjenige der Guion-Rekordschiffe.

Eine ungewöhnliche Besonderheit ihrer Fahrgasträume in der 1. Klasse war ein großer Glasdom über dem Speisesaal, der zusätzlich Höhe und Licht gab, eine Neuerung, die von allen anderen Nordatlantik-Reedereien übernommen wurde.

Die »America« trat ihre Jungfernreise von Liverpool nach New York unter Kapitän Grace am 28. Mai 1884 an und brauchte von Queenstown 6 Tage, 15 Stunden und 22 Minuten bei einer Durchschnittsgeschwindigkeit von 17,6 Knoten. Auf der Heimreise von New York übertraf sie sich selbst, als sie die Überfahrt nach Queenstown in 6 Tagen, 14 Stunden und 8 Minuten mit einer Durchschnittsgeschwindigkeit von 17,8 Knoten erledigte! Ihre erfreuten Eigner mußten sehr rasch feststellen, daß das Vorhandensein dieses Rekordbrechers in ihrer Flotte sich als störend erweisen würde. Die schnelle »America« konnte nicht im Fahrplan untergebracht werden. Um das Schiff gewinnbringend in Dienst halten zu können, würden sie ein zweites Schiff von ähnlicher Geschwindigkeit brauchen, weshalb sie die »City of Rome« der Anchor Line charterten. Dieser Drei-

Schornstein-Dampfer, der als eins der schönsten Schiffe im Atlantikdienst angesehen wurde, war von der Barrow Shipbuilding Company für die Inman Line gebaut worden. Als sie am 13. Oktober 1881 in Dienst gestellt worden war, hatte sie ihre kontraktliche Geschwindigkeit nicht erreicht, so daß sie nach einigen Reisen an ihre Erbauer zurückgegeben wurde, die sie an die Anchor Line verkauften.

Die Absicht der National Line, die »America« und die »City of Rome« zusammen in einem Expreß-Dienst zu beschäftigen, erwies sich als unbefriedigend. Die »America« hielt das Blaue Band nur für zwei Monate, dann wurde es ihr von der »Oregon« wieder abgenommen. Die Direktoren der National Line waren sich über das beschleunigte Tempo der Wettbewerbsverschärfung völlig im klaren. Sie erkannten, daß jeder Versuch, sich den größeren Gesellschaften im Kampf um das Blaue Band entgegenzustellen, leicht auf finanziellen Selbstmord hinauslaufen konnte. Mit mehr Klugheit, als sie bei der Auftragserteilung für die »America« an den Tag gelegt hatte, beschloß die National Line, sich von ihr zu trennen. 1887 verkaufte sie das Schiff an die italienische Regierung, die es zum Kreuzer umbauen ließ und ihm den Namen »Trinacria« gab.

Zu dieser Zeit hatte sich die Cunard Line als die führende Nordatlantik-Reederei fest etabliert, und zwar trotz eines schwerwiegenden Rückschlages, als sie am 14. März 1886 die »Oregon« am Ende einer Reise von Liverpool nach New York vor Fire Island nach einer Kollision mit der »Charles Morse« verloren hatte. Es waren 641 Passagiere und 250 Mann Besatzung an Bord der »Oregon«. Glücklicherweise stand die »Fulda« des Norddeutschen Lloyd in der Nähe, und sämtliche Passagiere und die Besatzung wurden auf das deutsche Schiff in Sicherheit gebracht, ehe die »Oregon« sank. Es war der erste schwere Verlust, den die Cunard Line seit dem Auflaufen der »Columbia« vor Halifax im Jahre 1843 hinnehmen mußte. Glücklicherweise auch diesmal wieder ohne Verluste an Menschenleben, so daß der Ruf der Cunard Line für Sicherheit ungeschmälert blieb.

Der Verlust der »Oregon« machte dem Drei-Schiffe-Expreß-Dienst ein Ende, aber die »Umbria« und »Etruria« glichen das durch ihre schnellen und regelmäßigen Reisen zwischen Liverpool und New York aus. Seit den Tagen der »Britannic« und »Germanic« hatte es kein derart großartiges Paar von Schwesterschiffen gegeben. »Umbria« und »Etruria«, die letzten beiden großen für den Atlantik-Dienst gebauten Einschrauben-Passagierdampfer, hatten drei Masten und zwei gewaltige Schornsteine, die den Eindruck großer Kraft und Geschwindigkeit vermittelten. Die Hauptabmessungen der Schiffe waren: 158,5 m Länge über ales, 152,7 m Länge zwischen den Loten, größte Breite 17,4 m, Raumtiefe bis zum Hauptdeck 12,5 m, bis zum Promenadendeck 18,0 m; 8120 BRT. Die Dreizylinder-Verbundmaschinen entwickelten 14 700 PSi, die den Schiffen bei einem täglichen Kohleverbrauch von 315 Tonnen eine Geschwindigkeit von 19,5 Knoten gaben. Das Maschinenpersonal bestand aus 11 Ingenieuren, einem Elektriker und 190 Heizern. Die Schiffe waren vollkommen aus Stahl gebaut, wobei den Sicherheitserfordernissen besondere Aufmerksamkeit gewidmet worden war. So waren die Rümpfe in 10 wasserdichte Abteilungen unterteilt und die meisten Querschotte bis zum Hauptdeck durchgeführt und mit feuersicheren und wasserdichten Türen versehen.

Zu diesem Zeitpunkt setzte die Admiralität ihre Pläne durch, nach denen sie im Kriegsfalle die größten britischen Handelsschiffe beschlagnahmen und in Hilfskreuzer umbauen konnte, wofür die betreffenden Reeder Baukostenzuschüsse erhielten. »Umbria« und »Etruria« gehörten zu den ausgewählten Schiffen, so daß während der Bauzeit Vertreter der Admiralität mit der Reederei und der Bauwerft John Elder & Co. enge Fühlung hielten. Glanz und Luxus der Einrichtungen für die 550 Erste-Klasse-Passagiere spiegelte die fortschrittlichen Änderungen in

Entwurf und Ausstattung wider, die selbstverständlich geworden waren, seit 1871 die »Oceanic« der White Star Line luxuriöses Reisen auf dem Atlantic eingeführt hatte. Im gleichen Sinne kann man von »Umbria« und »Etruria« sagen, daß sie als erste den Begriff des »Schwimmenden Hotels« verkörperten, der von da an die Vorstellungen der rivalisierenden Gesellschaften im Atlantikverkehr beherrschte. Das Leitmotiv bei der Ausstattung der »Umbria« und »Etruria« war, allen Prunk der viktorianischen Gesellschaft auf See hinauszubringen. Da waren schwer geschnitzte Tische und Stühle; brokatbezogene Sofas, Sessel, Samtvorhänge; alle möglichen Kleinigkeiten füllten jeden entlegenen Winkel. Jene unentbehrlichen Kennzeichen jedes Heims der oberen Klassen, ein Klavier und eine Orgel, standen auf dem Ehrenplatz im Musiksalon.

Die »Umbria« wurde als erstes der beiden Schiffe in Dienst gestellt. Sie lief am 25. Juni 1884 vom Stapel, und die Bauwerft tat alles, um sie schnell fertigzustellen, So konnte die Cunard Line, die das Schiff ursprünglich erst im Frühjahr 1885 einsetzen wollte, die erste Ausreise auf November 1884 vorverlegen.

Die »Umbria« verließ ihre Bauwerft am 4. Oktober. Auf Probefahrten erreichte sie eine Geschwindigkeit von 21 Knoten. Am 1. November begann sie ihre Jungfernreise unter Kapitän Cook.

Die »Etruria«, die am 20. September 1884 vom Stapel lief, wurde im März 1885 fertig und lief am 24. März vom Clyde nach Liverpool, wo sie bei ihrem Eintreffen am 26. eine Überraschung erwartete: Seit einiger Zeit waren die Beziehungen der britischen Regierung zu Rußland wegen eines Streites über den Ausbau einer russischen Eisenbahn an die afghanische Grenze etwas gespannt. Kriegerische Verwicklungen waren nicht unwahrscheinlich. Als Folge davon übte die Admiralität ihr Recht aus, die »Etruria« und die »Umbria« zusammen mit anderen Schiffen als Hilfskreuzer zu beschlagnahmen. Glück-

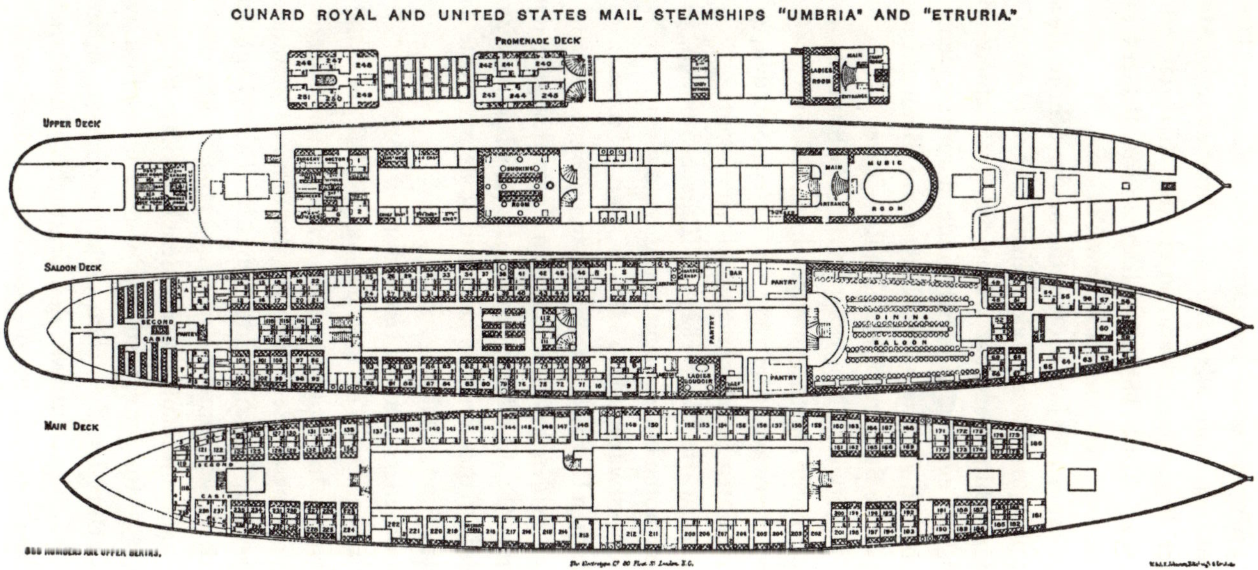

Deckspläne der »Umbria« und »Etruria«.

licherweise gelang es, einen Kompromiß zu erreichen. Die Admiralität hielt jedoch für alle Fälle die »Umbria« sechs Monate lang zu ihrer Verfügung, während sie die »Etruria« entließ. Diese lief am 25. April 1885 unter Kapitän McMicken zu ihrer Jungfernreise von Liverpool nach New York aus.

Für die nächsten vier Jahre lösten die beiden Schiffe die »Britannic« und »Germanic« als Rekordhalter auf dem Atlantik ab. Wie bei dem White Star-Paar waren die Unterschiede in der Geschwindigkeit der beiden verschwindend gering, wenn auch die »Etruria« sich als etwas schneller erwies. Beide Schiffe gewannen das Blaue Band mit folgenden Reisezeiten:

»Etruria«, westwärts, Mai 1885 – 6 Tage, 5 Stunden, 31 Minuten; 18,86 Knoten Durchschnittsgeschwindigkeit.

»Umbria«, westwärts, Mai 1887 – 6 Tage, 4 Stunden, 42 Minuten; 19,25 Knoten Durchschnittsgeschwindigkeit.

»Etruria«, ostwärts, März 1887 – 6 Tage, 4 Stunden, 36 Minuten; 19,90 Knoten Durchschnittsgeschwindigkeit.

»Etruria«, westwärts, Mai 1888 – 6 Tage, 0 Stunden, 58 Minuten; 20 Knoten Durchschnittsgeschwindigkeit.

Über diese beiden gewinnträchtigen Cunarder ging damals das Wort um: »Es gibt keine Schiffe, die jemals ihren Eignern weniger Verdruß machten und keine, die soviel nützliche Arbeit in ihrem Dienste getan haben.«

In der Zwischenzeit war die Inman Line in finanzielle Schwierigkeiten geraten. Das Versagen der »City of Rome«, die ihre Konstruktionsgeschwindigkeit nicht erreichte und ihre daraus folgende Rückgabe an die Bauwerft hatte den Fahrplan der Gesellschaft aus dem Gleichgewicht gebracht. Diese Lage wurde noch dadurch verschlimmert, daß am 7. Januar 1883 die »City of Brussels« nach einer Kollision mit dem Dampfer »Kirby Hall« in der Mersey-Mündung gesunken war. Zum Glück waren dabei »nur« zehn Menschenleben verlorengegangen. Immerhin war 1886 die Lage so kritisch, daß drastische Maßnahmen ergriffen werden mußten, um die Inman Line über Wasser zu halten. So versuchte man, zusätzliches Kapital durch eine öffentliche Anleihe zu gewinnen. Aber die Öffentlichkeit zeigte kein Interesse. Am 18. Oktober 1886 wurde daher in einer Generalversammlung beschlossen, daß die Gesellschaft, wenn möglich unter Aufgehen in einer anderen Gesellschaft, freiwillig liquidiert werden solle. Dieser Beschluß war in Wirklichkeit nur eine Formalität, weil die Verhandlungen mit der International Navigation Company, den Eigentümern der American Line in Philadelphia, und der Red Star Line in Antwerpen, bereits im Gange waren. Sehr bald kam es dann auch zu einem Abschluß, und nach 37 Jahren Linienfahrt im Nordatlantik verlor die Inman Line ihre Selbständigkeit. Ihre Flotte wurde von der neugebildeten Inman and International Steam Ship Company übernommen. Die Inman-Schiffe fuhren, obwohl von Amerikanern finanziert, auch weiterhin unter britischer Flagge, wie auch kein Wechsel in ihrem Management oder ihrem Fahrplan vorgenommen wurde.

Die neuen Eigner ließen sehr bald erkennen, daß sie entschlossen waren, die alte Reederei wieder am Kampf um das Blaue Band teilnehmen zu lassen. 1887 vergaben sie den Auftrag für zwei große und schnelle Fahrgastschiffe, die »alles, was da schwamm, in den Schatten stellen sollten«! Die bei J. und G. Thomson in Clydebank bestellten Schiffe bewiesen, daß das keine bombastische Prahlerei war. In Entwurf, Konstruktion, Maschineneinrichtung und Passagierunterkünften deklassierten die beiden Schiffe »City of New York« und »City of Paris« alle damals fahrenden Passagierschiffe! Ihre Hauptabmessungen waren: Länge über alles 170,6 m, Länge zwischen den Loten 160,8 m, Breite 19,3 m, Raumtiefe 11,9 m; 10 499 BRT. Die Einrichtungen waren für 540 Erste-Klasse-Passagiere, 200 Zweite-Klasse-Passagiere und 1000 Zwischendecks-Passagiere ausgelegt. Sie waren die ersten Doppelschrauben-Schnelldampfer im Nordatlantikdienst und wurden von Dreifach-Expansionsmaschinen mit 18 500 PSi für eine Geschwindigkeit von 20 Knoten angetrieben. Den Sicherheitsvorkehrungen war besondere Aufmerksamkeit gewidmet worden. Jedes Schiff besaß 15 wasserdichte Abteilungen, die durch starke, vom Kiel bis zum Hauptdeck reichende Querschotte gebildet wurden. Eine weitere Neuerung war die Einführung von einer Art Schlingertanks, die, wie man hoffte, die Bewegungen bei schwerem Seegang verringern würden. In der Linienführung der »City of Rome« ähnlich, waren beide Schiffe vorzügliche Beispiele für die Erfahrung und das Können der schottischen Schiffbauer. Mit ihren Klippersteven und kurzen Bugspriets, ihren Gallionsfiguren, den eleganten Linien ihrer schwarzen Rümpfe sowie ihren drei schrägen Schornsteinen, drei Masten und dem verzierten Dampferheck boten sie einen unvergeßlichen Anblick. Wer immer sie in Liverpool und New York sah, war begeistert. Die Schönheit der Inneneinrichtung gab ihrer äußeren Erscheinung in nichts nach. Der lässig dargebotene Reichtum der Ausstattung in der 1. Klasse war nur ein Beispiel für die Überzeugung, daß Kostengesichtspunkte das letzte waren, was bei der Ausstattung dieser Schiffe eine Rolle spielen durfte. Ein zeitgenössischer Bericht über den Luxus, der einen Erste-Klasse-Passagier auf einem dieser beiden Schiffe erwartete, vermittelt ein faszinierendes Bild der »High Society« in der Atlantikfahrt der ausgehenden 80er Jahre: »Die Unterbringung ist durch und durch superb. Die Aufenthaltsräume sind geräumig, hoch und durch Fächer und Patentventilatoren, die jederzeit den Zutritt von Frischluft erlauben, ohne Wasser einzulassen, gut belüftet. Es gibt Einzel- und Doppelbetten, die wie in einem Pullman-Wagen bei Tage weggestaut werden können, so daß die Kabine in einen gemütlichen Salon verwandelt wird. Anstatt der scheppernden, klappernden Krüge gibt es Hähne für heißes oder kaltes Wasser. Man drückt auf ein Knopf, und sofort erscheint der Steward, ohne daß ein Wort fällt. Ansprechende Garderoben machen es möglich, Koffer und Taschen in den Gepäckraum zu verbannen. Man dreht einen Schalter und hat elektrisches Licht. Wer viel Geld hat und es ausgeben möchte, kann auf dem Salondeck eine der 14 Suiten beziehen, deren jede einen Schlafraum mit einer Messingbettstelle aufweist und außerdem eine Garderobe, einen Aufenthaltsraum mit Sofa, Lehnstuhl und Tisch, eine private Toilette und in den meisten Fällen ein privates Bad enthält. Man ißt in einem Salon, der, mit Najaden, Delphinen, Tritonen und Meermaiden schön geschmückt, hell und luftig mittschiffs angeordnet ist und dessen gewölbtes Glasdach 16,2 x 7,6 m groß ist. Vom Boden des Speisesalons bis zum höchsten Punkte des Daches sind es 6,1 m. Neben den langen Tischen in der Mitte des Salons gibt es eine Anzahl kleinere Tische in Nischen auf beiden Seiten des Raumes für Familien oder kleinere Gesellschaften. Wer seine Zigarre oder Pfeife genießen möchte, findet einen luxuriösen Rauchsalon von 14 m Länge, dessen Wände und Decke in schwarzem Walnußholz getäfelt und dessen Couches und Stühle mit scharlachrotem Leder gepolstert sind. Weiter gibt es einen eleganten Aufenthaltsraum mit schönem Mobiliar und eleganter Dekoration sowie eine Bücherei mit 900 Bänden in eichenen Gestellen, in die die Namen berühmter Autoren eingeschnitzt sind und deren farbige Fensterscheiben Zitate aus Gedichten, vorzüglich solchen, die sich mit der See befassen, tragen.

Auch für Gottesdienste ist Vorsorge getroffen. An beiden Enden des Salons ist ein Fenster unter dem Glasdom des Speisesaals eingebaut. Die Flügel des einen dienen als Kanzel, die des gegenüberliegenden verbergen eine Orgel. Viele berühmte Organisten und Sänger haben an den Gottesdiensten wie auch an den musikalischen Veranstaltungen mitgewirkt, die wochentags zugunsten wohltätiger Zwecke veranstaltet werden. Diese Schiffe sind wirklich mit einem unvergleichlichen Luxus auf das großartigste ausgestattet.

Die 2.-Klasse-Passagiere sind im Achterschiff untergebracht, wo sie einen Speisesaal, einen Rauchsalon, Piano usw. zur Verfügung haben.

Zwischendecks-Passagiere sind ebenfalls gut versorgt. Ihnen stehen nicht weniger als 91 000 Kubikmeter Raum zur Verfügung« ... der letzte Satz war eine sehr kalte und kurzgefaßte Abfertigung, die William Inman betrübt haben würde, der die Gesellschaft 1850 mit dem erklärten Ziel der Verbesserung der Lebens- und Unterkunftsverhältnisse für die Auswanderer im Zwischendeck gegründet hatte.

Als erstes der beiden Schiffe wurde die am 15. März 1888 vom Stapel gelaufene »City of New York« in Dienst gestellt, die ihre Jungfernfahrt von Liverpool nach New York am 1. August antrat. Ihr folgte die »City of Paris« am 3. April 1889. Beide zogen bald einen breiten Strom amerikanischer Europa-Touristen an, wozu die Eröffnung der großen Pariser Weltausstellung 1889 wesentlich beitrug. Es gelang ihnen nicht sofort, das Blaue Band zu gewinnen, aber im Laufe des Jahres 1889 reduzierten beide Schiffe die Fahrtdauer für die Atlantiküberquerung auf weniger als 6 Tage! Das Aufsehen, das das Auftreten dieser zwei Schnelldampfer zu beiden Seiten des Atlantik hervorgerufen hatte, war kaum abgeebbt, als die White Star Line die Schwesterschiffe »Teutonic« und »Majestic« in Dienst stellte. Diese von Harland & Wolff in Belfast gebauten berühmten White Star Liner waren die letzten Schiffe, die die Reederei mit der ausgesprochenen Absicht bestellte, das Blaue Band zu erobern. Sie waren die ersten Schiffe ihrer Gesellschaft, die den Anforderungen der Admiralität im Bezug auf schnelle Umrüstungsmöglichkeiten in Hilfskreuzer entsprachen. Laut Vertrag erhielten die Eigner hierfür eine jährliche Subvention von 15 Pfund je Bruttoregistertonne. Die Hauptabmessungen waren: 172,4 m Länge über alles; 17,6 m Breite, 12,0 m Raumtiefe zum Hauptdeck. »Teutonic« war 9984 BRT, »Majestic« 9965 BRT groß. Zwei dreizylindrige Dreifachexpansionsmaschinen mit 17 000 PSi gaben 20 Knoten Geschwindigkeit. Bei ihrer Indienststellung hatten sie Einrichtungen für 300 1. Klasse-, 175 2. Klasse- und 850 Zwischendeckpassagiere.

NOTICE.—The Steamers of this Line take specified courses according to the seasons of the yea:

CUNARD LINE

ESTABLISHED 1840.

ROYAL MAIL STEAMERS TO

NEW YORK AND BOSTON.

1888.		FROM LIVERPOOL.	FROM QUEENSTOWN.	STEERAGE PASSAGE MONEY.	INTERMEDIATE PASSAGE MONEY.
ETRURIA	For New York	Sat., March 31	Sun., April 1	Full in Steerage	7 & 8 Guineas
CEPHALONIA	For Boston	Thur., April 5	Fri., „ 6	Four Pounds	Seven Guineas
SERVIA	For New York	Sat., „ 7	Sun., „ 8	Five Pounds	7 & 8 Guineas
SCYTHIA	For New York	Tues., „ 10	Wed., „ 11	Four Pounds	7 & 8 Guineas
CATALONIA	For Boston	Thur., „ 12	Fri., „ 13	Four Pounds	Seven Guineas
UMBRIA	For New York	Sat., „ 14	Sun., „ 15	Five Pounds	7 & 8 Guineas
BOTHNIA	For Boston	Thur., „ 19	Fri., „ 20	Four Pounds	Seven Guineas
AURANIA	For New York	Sat., „ 21	Sun., „ 22	Five Pounds	7 & 8 Guineas
GALLIA	For New York	Tues., „ 24	Wed., „ 25	Four Pounds	7 & 8 Guineas
PAVONIA	For Boston	Thur., „ 26	Fri., „ 27	Four Pounds	Seven Guineas
ETRURIA	For New York	Sat., „ 28	Sun., „ 29	Five Pounds	7 & 8 Guineas
SAMARIA	For Boston	Thur., May 3	Fri., May 4	Four Pounds	Seven Guineas
SERVIA	For New York	Sat., „ 5	Sun., „ 6	Four Pounds	7 & 8 Guineas
SCYTHIA	For New York	Tues., „ 8	Wed., „ 9	Four Pounds	7 & 8 Guineas
CEPHALONIA	For Boston	Thur., „ 10	Fri., „ 11	Four Pounds	Seven Guineas
UMBRIA	For New York	Sat., „ 12	Sun., May 13	Five Pounds	7 & 8 Guineas
CATALONIA	For Boston	Thur., „ 17	Fri., „ 18	Four Pounds	Seven Guineas
AURANIA	For New York	Sat., „ 19	Sun., „ 20	Four Pounds	7 & 8 Guineas
GALLIA	For New York	Tues., „ 22	Wed., „ 23	Four Pounds	7 & 8 Guineas
BOTHNIA	For Boston	Thur., „ 24	Fri., „ 25	Four Pounds	Seven Guineas
ETRURIA	For New York	Sat., „ 26	Sun., „ 27	Five Pounds	7 & 8 Guineas
PAVONIA	For Boston	Thur., „ 31	Fri., June 1	Four Pounds	Seven Guineas
SERVIA	For New York	Sat., June 2	Sun., „ 3	Four Pounds	7 & 8 Guineas
SCYTHIA	For New York	Tues., „ 5	Wed., „ 6	Four Pounds	7 & 8 Guineas
SAMARIA	For Boston	Thur., „ 7	Fri., „ 8	Four Pounds	Seven Guineas
UMBRIA	For New York	Sat., „ 9	Sun., „ 10	Five Pounds	7 & 8 Guineas
CEPHALONIA	For Boston	Thur., „ 14	Fri., „ 15	Four Pounds	Seven Guineas
AURANIA	For New York	Sat., „ 16	Sun., „ 17	Four Pounds	7 & 8 Guineas
GALLIA	For New York	Tues., „ 19	Wed., „ 20	Four Pounds	7 & 8 Guineas
CATALONIA	For Boston	Thur., „ 21	Fri., „ 22	Four Pounds	Seven Guineas

CHILDREN UNDER 12 YEARS, HALF-FARE: INFANTS UNDER 12 MONTHS, 10s.

INTERMEDIATE PASSAGE TO NEW YORK - - SEVEN and EIGHT GUINEAS.
DO. TO BOSTON - - - SEVEN GUINEAS.
Children under 12 years, Half-price. Infants under 12 months, One Guinea each. Passengers in this Class mess apart from the Steerage, and have an excellent Scale of Diet. Comfortable Beds, Bedding, and all necessary utensils provided by the Company.
FIFTEEN CUBIC FEET MEASUREMENT OF PERSONAL LUGGAGE CARRIED FREE OF CHARGE FOR EACH ADULT.

Passengers booked through from NEW YORK to PHILADELPHIA without extra charge.

NEW YORK.—Passengers going to New York by the Saturday and Tuesday Steamers will be landed at Castle Gardens, a Depôt arranged by the Government for the reception of Emigrants. Representatives of the Cunard Company, speaking all the European Languages, are stationed at the Depôt to render all requisite assistance and information. Passengers' Baggage is conveyed from the Steamer to the Railway Cars free of expense.

BOSTON.—Passengers by the Thursdays Steamers to Boston will be landed at the Cunard Company's Wharf, where they will be received by the Company's Representatives and forwarded to their various destinations. Those who wish to go to New York via Boston will be sent to the former Port free of charge. The journey occupies about ten hours. The Cunard Company have an Emigrants' Home on their Wharf at Boston, where Passengers have free accommodation: and as trains for all parts of the States and Canada stop at a Platform attached to the Home, Passengers with their luggage are transferred to the Railway Carriages without trouble, expense, or anxiety. *The attention of Passengers is specially directed to this arrangement.*

BERTHING.—Each Passenger will be provided with a separate Berth; Married Couples are berthed together with their Children in the same rooms; Single Females will be placed together in rooms by themselves; and Single Men together in rooms apart from all others. During the day there is no separation—all can be together.

OUTFIT.—Passengers will have to provide themselves with a Plate, Mug, Knife, Fork, Spoon, and Water-can, as also Bedding; all of which can be purchased for a few shillings in Liverpool or Queenstown.

LUGGAGE.—Passengers will please take notice that they must get their bedding and clothing which may be required on the Voyage out of their boxes before going on board. A bag is the most convenient article for carrying what is required during the voyage. Ten cubic Feet measurement of Personal Luggage will be carried free for each Adult; and in consideration thereof, the Company limit their liability for Luggage to the sum of Ten Pounds. Steerage Passengers must take charge of their own Luggage, which they should bring with them, and not send in advance by Goods train, as that might cause detention.

STEERAGE BILL OF FARE.—Each Passenger will be supplied with Three Quarts of Water daily, and with as much Provisions as can be eaten, which are all of the best quality. The Provisions are examined and put on board under the inspection of Her Majesty's Emigration Officers, *and are cooked and served out by the Company's Servants.*

Breakfast at Eight o'Clock.—Coffee, Sugar, and Fresh Bread and Butter, or Biscuit and Butter, or Oatmeal Porridge and Molasses.

Dinner at One o'Clock.—Soup, Beef, Pork, or Fish, with Bread and Potatoes, and on Sunday Pudding will be added.

Supper at Six o'Clock.—Tea, Sugar, Biscuits and Butter. Oatmeal Gruel supplied when necessary.

The Company reserve the right of rejecting any person who may be found to be deaf, dumb, blind, maimed, or having symptoms of infectious disease.

All Intermediate and Third Class Passengers must present themselves at the Office of the Agents, at the port of embarkation, not later than Eight o'Clock in the Evening of the day before sailing, to receive embarkation instructions. Passengers failing to embark at the appointed time will forfeit their Passage-money.

All Passengers will have strictly to conform to the Rules laid down by the Company.

In order to meet the requirements of the Government Emigration Officer, the Contract Ticket will be dated for the day previous to the advertised date of sailing.

☞ THROUGH BOOKING.—Passengers Booked Through to and from all parts of the United States and Canada, including Manitoba and the North-West Territories. Tickets can be purchased from any of the Cunard Agents.

Passages can be secured by sending a Deposit of One Pound for each Berth to the undersigned, with particulars of Name and Age of each Passenger.

Each Steamer carries an experienced Surgeon. Medicines and Medical attendance Free.
Drafts issued on New York and Boston free of charge.

Apply to

THE CUNARD STEAM SHIP COMPANY, LIMITED,
LIVERPOOL

31/3/88.

Fahrplan der Cunard Line für 1888.

Damals begann das transatlantische Reisepublikum erneut, nicht nur auf den Luxus in der Unterbringung, sondern auch auf die Schnelligkeit der Dampfer zu sehen. In dieser Hinsicht enttäuschten »Teutonic« und »Majestic« sicher nicht. Aber noch in einem anderen Punkt waren die Schiffe ihrer Konkurrenz, der Inman Line, um eine Nasenlänge voraus, nämlich dadurch, daß die Hauptaufenthaltsräume im Geschmack bestimmter Stilperioden ausgeschmückt waren. So besaß die »Teutonic« im 1.-Klasse-Speisesaal, den ein begeisterter Journalist als Banketthalle beschrieb, Flachreliefgestalten von Tritonen und Nymphen aus Gold und Elfenbein im Renaissancestil, und die Decke war in dazu passender Weise dekoriert. In den lederbezogenen Wänden des Rauchsalons gab es Täfelungen mit in Öl gemalten Schiffsdarstellungen aus dem Mittelalter. In ihrer äußeren Erscheinung wichen die beiden Schiffe ein wenig von der White Star-Tradition ab. Sie behielten den geraden Steven und das Dampferheck bei, die vier geriggten Masten wurden jedoch durch drei hohe Pfahlmasten ersetzt, und die zwei Schornsteine standen in weitem Abstand voneinander. »Teutonic« und »Majestic« sahen vielleicht nicht so elegant aus wie die »City of New York« und »City of Paris«, aber dessen ungeachtet waren sie eindrucksvolle Beispiele der Schiffbaukunst. Die »Teutonic« lief am 19. Januar vom Stapel und wurde am 25. Juli an die White Star Line übergeben. Sie ging anschließend nach Liverpool und eine Woche später, am 1. August, nach Spithead, wo sie unter dem Kommando von Kapitän Parsell als Hilfskreuzer einen Ehrenplatz in der Flottenschau einnahm. In dieser Eigenschaft wurde sie auch vom Prince of Wales, dem späteren König Edward VII., und dem deutschen Kaiser Wilhelm II. besichtigt, der ein lebhaftes Interesse für das Schiff zeigte und sehr beeindruckt war.

Nach Liverpool zurückgekehrt, nahm die »Teutonic« am 7. August ihren Atlantikdienst mit der Jungfernreise nach New York auf. Ihr Schwesterschiff »Majestic«, das am 29. Juni 1889 vom Stapel gelaufen war, kam am 2. April 1890 hinzu. Die Öffentlichkeit erwartete einen der heißesten Wettbewerbe aller Zeiten um das Blaue Band des Atlantik, der in amerikanischen Augen umso erregender war, als die beiden Inman-Schnelldampfer zwar unter britischer Flagge liefen, in Wahrheit aber amerikanische Schiffe waren.

Zu jener Zeit hielten die Inman Liner den Rekord. Die beiden White Star-Riesen hatten sich noch zu bewähren. Es bestand auch immer noch die Möglichkeit, daß sich die beiden früheren Rekordinhaber, »Umbria« und »Etruria«, deren Reiseleistungen sich ständig verbesserten, mit einer Außenseiterchance in das Rennen um das Blaue Band einschalteten. Seit den 50er Jahren, als Cunard und Collins den Kampf um die Vorherrschaft untereinander ausmachten, hatte es kein solches Interesse und keine solche gespannte Erwartung gegeben. Diese Stimmung wurde durch Prophezeihungen in der Weltpresse über den möglichen Ausgang des Rennens angeheizt, Voraussagen übrigens, die die beteiligten Reeder durchaus nicht schätzten.

In einer Rede, die am 4. Juli 1854 an Bord der »Etruria« anläßlich eines Banketts zum 50. Gründungstag der Cunard Line vom Vorstandsvorsitzenden David Jardine gehalten wurde, kritisierte dieser die »quatschigen Artikel über Ozeanwettfahrten in den Zeitungen«. »Ich glaube nicht«, sagte er, »daß auf unseren Cunard-Schiffen oder auf denen einer anderen Linie von Liverpool so etwas wie »Um-die-Wette-fahren« betrieben wird ... Was Cunard-Kapitäne und -Ingenieure angeht, so haben sie Weisung, von dem Vorhandensein anderer Dampfschiffe im Atlantik keine Kenntnis zu nehmen. Ich glaube, das ist bei anderen Gesellschaften ebenso, denn die Verantwortung ist zu groß, als daß man sich erlauben könnte, irgendwelche Wettfahrten zu veranstalten.«

Mister Jardine's Tadel bewirkte wenig. Einen Monat später, am 7. August, liefen die »City of New York« unter Kapitän Watkins und die »Teutonic« unter Kapitän Irving mit einer

Stunde Zeitunterschied von Liverpool nach New York aus. Ganz England und Amerika erwarteten den Ausgang. Beide Schiffe kamen gleichzeitig in Queenstown an, um weitere Passagiere und Post an Bord zu nehmen. Die »City of New York« verließ den irischen Hafen 35 Minuten vor der »Teutonic«. Der Zeitvorsprung half in diesem Falle jedoch wenig. Im Morgengrauen des nächsten Tages waren beide Schiffe noch in Sichtweite. Allmählich schob sich der White Star-Renner nach vorn und erreichte New York am 13. August um 4.20 Uhr. Die »City of New York« traf vier Stunden später ein. Das war ein Beispiel für den heftigen Wettbewerb der vier Schiffe, die sich während der nächsten Jahre in die Ehre des Blauen Bandes teilten. Denkwürdige Rekordreisen waren:

Liverpool (Queenstown) nach New York (Sandy Hook)

Jahr	Schiffsnamen	Zeit der Überfahrt Tage/Stunden/Min.			Durchschnittsgeschwindigkeit (Knoten)
1889	»City of New York«	5	23	07	19,9
1889	»City of Paris«	5	22	50	–
1889	»Teutonic«	5	21	20	–
1889	»City of Paris«	5	19	18	22,0
1891	»Teutonic«	5	19	05	–
1891	»Majestic«	5	18	08	20,11
1891	»Teutonic«	5	16	31	20,35
1892	»City of Paris«	5	14	24	20,7
1889	»City of Paris«	6	0	29	–
1889	»City of Paris«	5	22	50	19,5
1891	»Teutonic«	5	21	03	19,8
1892	»City of New York«	5	19	57	20,1

Der Wettstreit zwischen den vier Schiffen fand 1893 sein Ende, als die Inman-Schiffe unter USA-Flagge kamen. Dies war von amerikanischen Bürgern seit geraumer Zeit angestrebt worden. Am 10. Mai 1892 verabschiedete der Kongreß ein Sondergesetz, das den Ankauf der Schiffe ermöglichte. Die britische Regierung ihrerseits entließ die Schiffe aus der Verpflichtung, in Kriegszeiten als Hilfskreuzer Dienst zu tun. Im Oktober schlossen dann die Postbehörden der Vereinigten Staaten ein Abkommen mit der Inman Line über die Beförderung amerikanischer Post, aus dem diese eine jährliche Summe von 15 000 Pfund erhielt. Ebenso wurde vereinbart, daß die »City of New York« und die »City of Paris« von nun an auf der Southampton–New York-Route eingesetzt werden sollten; ein bitterer Schlag für das Prestige von Liverpool. Am 23. Februar 1893 wurden die Schiffe in einer Zeremonie an Bord der »City of New York« in Anwesenheit des Präsidenten der Vereinigten Staaten und einiger Mitglieder des Kabinetts formell übergeben. Nach Einholen der britischen Flagge wurde die Flagge der Vereinigten Staaten vorgeheißt und ein voller Salut von der Marinestation in Brooklyn gefeuert. Die beiden ersten Worte der bisherigen Namen, »City of« wurden entfernt und die Schiffe in »New York« und »Paris« umbenannt. Bereedert wurden die Dampfer jetzt von der zur International Navigation Company gehörenden American Line. Die »New York« begann ihre erste Abfahrt von Southampton unter amerikanischer Flagge am 11. März 1893, die »Paris« am 25. März. Die allgemeine Betrübnis, die in Liverpool über das Ausscheiden der Inman Line, einer seit 43 Jahren in Ehren bestehenden Gesellschaft, herrschte, wurde bald verdrängt durch das Interesse an dem unmittelbar bevorstehenden Eintreffen des ersten von zwei neuen Cunard-Schnelldampfern. Diese Schiffe waren im August 1891 bei Fairfield in Glasgow in Auftrag gegeben worden und sollten »Campania« und »Lucania« getauft werden. Sie John Burne, der Vorsitzende des Vorstandes, sagte mit Bezug auf die beiden Schiffe auf der Jahreshauptversammlung der Cunard Line am 30. März 1892, seiner Ansicht nach hätten die Anteilseigner keinen Grund, die großartige Ausstattung, die Leistung und die Geschwindigkeit der Schiffe zu kritisieren. Er sei überzeugt, daß sie hinsichtlich ihrer Wirtschaftlichkeit und Einträglichkeit sowohl einzeln wie auch gemeinsam die in sie gesetzten Erwartungen nicht enttäuschen würden.

Die größten und schnellsten Handelsschiffe der Welt erweckten weltweites Interesse. Und zwar in solchem Maße, daß sich Journalisten beklagten, weil weder die Reederei noch die Werft sie ausreichend informierten. Diese ersten Cunard-Doppelschraubendampfer hatten einen geraden Steven, ein Dampferheck, zwei Masten und zwei gewaltige Schornsteine. Die Hauptabmessungen waren: Länge über alles 189,0 m; 182,9 m zwischen den Loten; Breite 19,9 m; Raumtiefe 13,1 m; 12 950 BRT. Die Maschinenanlage bestand aus zwei Satz Dreifach-Expansionsmaschinen, die voneinander durch ein wasserdichtes Längsschott getrennt waren. Die Maschinenleistung betrug 30 000 PSi, die Durchschnittsgeschwindigkeit 22,01 Knoten, der Verbrauch 2900 Tonnen Kohle je Überfahrt.

Die Schiffe besaßen Einrichtungen für 1700 Passagiere, 600 I. Klasse-, 400 II. Klasse und 700 Zwischendeck-Fahrgäste. Die Besatzung umfaßte 416 Mann, davon 61 seemännisches Deckspersonal, 195 Maschinenpersonal und 160 für den Dienstleistungsbetrieb. Man konnte mit Recht behaupten, daß sie die prunkvollsten Passagierschiffe der Welt seien. Die I. Klasse war besonders anspruchsvoll eingerichtet; es gab Einzel-Kabinen, einen mitschiffs gelegenen Speisesaal von 30,5 m Länge und 19,5 m Breite, Aufenthaltsraum und Rauchsalons mit echten Kaminen, eine Bibliothek und eine großartige Freitreppe. Auch bei diesen Schiffen folgte man in der Möblierung und Dekoration geschichtlichen Stilvorbildern.

Die »Campania« lief am 8. September 1892 vom Stapel. Auf der Probefahrt am 17. März 1893 erreichte sie eine Geschwindigkeit von 23,25 Knoten. Ihre Jungfernreise von Liverpool nach New York begann am 22. April. Am 23. April verließ sie Queenstown um 13.25 Uhr und passierte Sandy Hook Feuerschiff am 29. April um 17.24 Uhr, nachdem sie die Distanz von 2899 Meilen in 5 Tagen, 17 Stunden und 27 Minuten zurückgelegt hatte. Die Passagiere nach Liverpool konnten 6 Tage nach Verlassen New Yorks von Bord gehen – noch ein Rekord. Jetzt blieb abzuwarten, wie sich die »Lucania« machen würde. Ihre Bauzeit war durch einen Streik der Eisenarbeiter, die wegen der »Schwere ihrer Arbeit« Lohnzuschläge verlangt hatten, verzögert worden. Die Stahlplatten für beide Schiffe waren größer und schwerer als gewöhnlich, wodurch die Nieterarbeit anstrengender wurde. Zeitweilig hatten 20 Nieterkolonnen die Arbeit niedergelegt. Doch schließlich lief die »Lucania« am 2. Februar 1893 vom Stapel. Ihre Fertigstellung wurde noch einmal verzögert durch Änderungen am Achterschiff, die die Vibration, die sich an der »Campania« als störend erwiesen hatte, möglichst beseitigen sollten. Am 31. Juli 1894 lief die »Lucania« vom Clyde nach Liverpool, wo sie in Birkenhead zur Vorbereitung für die Probefahrt ins Trockendock ging. Dabei wurde festgestellt, daß einige Platten beschädigt waren, die ausgewechselt werden mußten. Um den angekündigten Fahrplan einhalten zu können, wurde von weiteren Probefahrten abgesehen. Die »Lucania« verließ Liverpool am 2. September abends und passierte Daunt's Rock um 13.43 Uhr. Nach 5 Tagen, 15 Stunden und 3 Minuten passierte sie triumphierend Sandy Hook, womit sie den Rekord der »Campania« mit nicht weniger als 16 Stunden und 48 Minuten schlug. Vom Zeitpunkt ihrer Indienststellung an waren »Campania« und »Lucania« schneller als die »New York«, »Paris«, »Teutonic« und »Majestic«. Vier Jahre lang hielten sie alle Rekorde mit einer Durchschnittsgeschwindigkeit von mehr als 21 Knoten, und im Fall der »Lucania«, mit einer Überfahrt von New York mit 22 Knoten! Damals glaubten viele Sachverständige, daß nunmehr wirklich das Äußerste an Geschwindigkeit auf See, an Schiffssicherheit und Wirtschaftlichkeit des Betriebs erreicht sei.

Keine britische Gesellschaft schien Lust zu haben, den Cunard-

Rekordhaltern das Blaue Band streitig zu machen. Die letzte Ecke, aus der die Leute etwas Derartiges erwarteten, war der Kontinent. Es erregte daher beträchtliche Verwunderung, gemischt mit Verärgerung, als bekannt wurde, daß zwei deutsche Nordatlantik-Reedereien beabsichtigten, Schnelldampfer von einer Größe und Stärke zu bauen, die alle anderen herausfordern und mit ihnen in Wettbewerb treten konnten.

Der deutsche Durchbruch 1897 bis 1907

KAISER WILHELM DER GROSSE

Der September 1897 sollte sich als einer der dramatischsten und denkwürdigsten Monate in der Geschichte des nordatlantischen Liniendienstes erweisen. Es war ein Monat der Herausforderung und des Triumphes: der Herausforderung an die Cunarder »Campania« und »Lucania«, die seit ihrer Indienststellung im Jahre 1893 die schnellsten Schiffe in der atlantischen Linienfahrt waren, und des Triumphes des neuen Fahrgastschiffes des Norddeutschen Lloyd, »Kaiser Wilhelm der Große«.

Mit Ausnahme der sechs Jahre zwischen 1850 und 1856, als die in Amerika gebauten Schiffe der Collins Line dominiert hatten, beherrschten britische Reedereien und britische Werften den Nordatlantik. Vierzig Jahre lang waren sämtliche Inhaber des Blauen Bandes auf britischen Werften gebaut worden, zumeist am Clyde; in Schiffbau und Schiffsmaschinenbau war Großbritannien führend in der Welt. Dorthin entsandten andere Industrienationen, insbesondere Deutschland, ihre jungen Schiffbauer und Schiffsmaschinenbauer, damit sie in Zusammenarbeit mit britischen Fachleuten deren Methoden und Know how studierten und das gewonnene Können nach ihrer Heimkehr im eigenen Lande anwendeten. Die Deutschen hatten sich als gelehrige Schüler erwiesen, besonders Robert Zimmermann, der elf lehrreiche Jahre auf den Schiffswerften von Greenock, Jarrow and Barrow-in-Furness verbracht hatte. In Barrow war er Assistent William Johns, des Konstrukteurs der »City of

Rome« der Inman Line gewesen, nach allgemeinem Urteil eines der schönsten Schiffe, das je in Dienst gestellt wurde. Die Tatsache, daß sie hinsichtlich der Geschwindigkeit nicht den Erwartungen der Inman Line entsprach und an die Werft zurückgegeben wurde, dürfte für Zimmermann eine nützliche Lehre gewesen sein, als er später beim Stettiner Vulcan für Konstruktion und Bau der »Kaiser Wilhelm der Große« verantwortlich zeichnete. Wie der Hamburg–Amerika Linie war dem Norddeutschen Lloyd das Nordatlantik-Geschäft keineswegs fremd. Er hatte seit 1857 einen Liniendienst zwischen Bremen und New York betrieben und lief dabei seit März 1859 auch Southampton an. Zwanzig Jahre lang hatte sich die Gesellschaft auf das Auswanderergeschäft von Deutschland und Mitteleuropa konzentriert, das mit Schiffen mittlerer Größe und Geschwindigkeit betrieben wurde, die sämtlich britischer Herkunft waren. Diese Politik änderte sich erst, als 1877 H. H. Meier, der Gründer der Gesellschaft und ein weitblickender Reeder, J. G. Lohmann zum leitenden Direktor der Gesellschaft ernannte. Lohmann war der rechte Mann, die Geschicke der Reederei zu lenken. Jung und enthusiastisch, hatte er die Leistungen der britischen Schnelldampfer mit wachem Auge beobachtet. Der enorme Erfolg des Guion Liners »Arizona«, der 1879 in Dienst gestellt worden war, überzeugte ihn schließlich, daß die Zukunft der Passagier- und Postfahrt im Nordatlantik darin lag, den Fahrgästen größere Geschwindigkeit und Sicherheit in Verbindung mit besonderer Eleganz und Bequemlichkeit zu bieten. Als erstes beschloß daher 1880 der Vorstand, Aufträge für Schiffe zu plazieren, die möglichst den Rekord brechen, zumindest jedoch in hohem Maße konkurrenzfähig gegenüber den Flotten rivalisierender Gesellschaften sein sollten. Sie würden im Liniendienst zwischen Bremen, Southampton und New York auf der sogenannten Kanalroute laufen, und man hoffte, daß sie den »Würgegriff« der in Liverpool beheimateten Gesellschaften würden lockern können.

Ursprünglich hatten Lohmann und seine Mitdirektoren beabsichtigt, die Aufträge an deutsche Werften zu vergeben. Sie wurden jedoch von H. H. Meier überstimmt, der darauf bestand, alle Kontrakte mit britischen Werften abzuschließen, »wo man Erfahrung im Bau solcher Schiffe besaß«. Das Direktorium unterwarf sich diesem Spruch – es blieb ihnen auch kaum eine andere Wahl. Der Vertrag für das erste Schiff, die »Elbe« wurde an John Elder & Co., Fairfield, Glasgow, vergeben, wo der geniale Konstrukteur William Pearce wirkte, dessen »Arizona« Lohmann so sehr für sich eingenommen hatte. Die »Elbe«, ein Dampfer von 4897 BRT, Geschwindigkeit 17,5 Knoten, wurde 1881 fertig und trat am 24. Juni ihre Jungfernfahrt von Bremerhaven nach Southampton und New York an. Der Gewinn, den sie auf ihren ersten fünf Reisen erzielte, deckte nahezu 20 % ihrer ursprünglichen Kosten. Meiers Vorurteil schien berechtigt zu sein.

Unter diesen Umständen hätte es nicht überrascht, wenn der Lloyd mit den nächsten Schiffen, die alle die Namen deutscher Flüsse trugen, ebenfalls zu Elder gegangen wäre. Inzwischen hatte sich jedoch ein beträchtlicher technischer Fortschritt im deutschen Schiffbau entwickelt. Die Hamburg–Amerika Linie, die gleichfalls ein neues Schnelldampfer-Bauprogramm aufgestellt hatte, zögerte nicht, zwei von vier Aufträgen innerhalb Deutschlands zu vergeben. Es waren dies die »Augusta Victoria« von 7661 BRT und die »Fürst Bismarck« von 8430 BRT, beide beim Vulcan in Stettin gebaut und in der Hamburg-Southampton–New York-Fahrt sehr beliebt.

Durch diesen praktischen Beweis ermutigt, vergaben Lohmann und seine Mitdirektoren vom Norddeutschen Lloyd zunächst drei Aufträge an die Vulcan-Werft in Stettin. Es handelte sich um drei Fahrgastschiffe für den Atlantik-Schnelldienst der Gesellschaft, nämlich die »Kaiser Wilhelm II« von 6990 BRT im Jahre 1889 und die »Spree« und »Havel« mit je 6950 BRT 1890. Die zwei letzten Schiffe hatten eine Geschwindigkeit von 19 Knoten gegenüber den 16 Knoten des »Kaiser Wilhelm II«.

Damals beherrschten die beiden deutschen Gesellschaften die transatlantische Passagierfahrt. Dies zeigte sich in offiziellen Listen der in New York angekommenen Passagiere zwischen den Jahren 1881 und 1891. Danach führte der Norddeutsche Lloyd mit 738 668 Passagieren, gefolgt von der Hamburg–Amerika Linie mit 525 900. Die White Star Line stand an dritter Stelle mit 371 193, ihrerseits gefolgt von Cunard mit 323 900, Inman mit 322 930 und Guion mit 273 836 Fahrgästen. Hier lag der statistische Beweis vor, daß im Passagierdienst die Reedereien in Liverpool zunehmend schlechter abschnitten als die Schiffe auf der Kanal-Route. Aber der Konkurrenzkampf sollte noch härter werden. 1895 hatte die Flotte des Norddeutschen Lloyd ein Durchschnittsalter, das den Ersatz einiger älterer Einheiten notwendig erscheinen ließ, wenn die Gesellschaft wettbewerbsfähig bleiben wollte. Mit der für ihn charakteristischen Kühnheit entschloß sich Lohmann, zwei Schiffe zu bauen, die die schnellsten, größten und luxuriösesten Schiffe der Welt sein würden. Damit würde der Lloyd die Creme des Verkehrs abschöpfen und für Deutschland das begehrte Blaue Band des Atlantik gewinnen, das zur Zeit die Cunarder »Campania« und »Lucania« besaßen. Es war eine ebenso phantasievolle wie ehrgeizige Planung, umso mehr als der Norddeutsche Lloyd keineswegs in der finanziellen Lage war, einen Fehlschlag zu riskieren. Nach gründlicher Erörterung stimmte die Direktion jedoch diesem Plan zu und begann, ihn in die Wirklichkeit umzusetzen. Von vornherein stellten sie dabei, vielleicht eingedenk der Erfahrungen mit der »City of Rome«, eine ganz und gar ungewöhnliche Bedingung. Die Schiffe sollten vor Übernahme durch die Reederei nicht nur die übliche Probefahrt machen, sondern den Beweis für ihre volle Geschwindigkeitsleistung auf einer Atlantik-Rundreise erbringen. Sollten die Schiffe ihre garantierte Geschwindigkeit nicht erreichen und durchhalten, hatte der Norddeutsche Lloyd das Recht, sie zurückzuweisen.

Das war viel verlangt von den Schiffbauern, aber zwei Werften, möglicherweise von nationalem Stolz inspiriert, nahmen diese Herausforderung ihres Fachkönnens an. Es waren die AG. »Vulcan« in Stettin, und die Schichau-Werft in Danzig. Das Vulcan-Schiff sollte »Kaiser Wilhelm der Große«, das Schichau-Schiff »Kaiser Friedrich« heißen. Merkwürdigerweise waren diese beiden Schiffe, obwohl sie zusammen den Atlantik-Dienst versehen sollten, weder Schwesterschiffe, noch glichen sie sich äußerlich in irgendeiner Weise. »Kaiser Wilhelm der Große« hatte vier Schornsteine, »Kaiser Friedrich« drei. Andere Unterschiede waren:

	»Kaiser W. d. Gr.«	»Kaiser F.«
BRT	14 349	12 481
Länge ü. a.	199,5 m	182,9 m
Breite	20,1 m	19,4 m

Der Stapellauf der »Kaiser Wilhelm der Große« am 3. Mai 1897 gestaltete sich zu einem nationalen Ereignis, dem der deutsche Kaiser beiwohnte. Wilhelm II. hatte von Anfang an ein großes persönliches Interesse an der Planung und dem Bau der beiden Schiffe genommen, nicht zuletzt wegen ihres möglichen Einsatzes als Hilfskreuzer, für welchen Zweck ihre oberen Decks Verstärkungen für den Einbau von Geschützen erhielten.

Die Werft arbeitete mit Hochdruck und stellte das Schiff in der bemerkenswert kurzen Zeit von knapp vier Monaten fertig, so daß »Kaiser Wilhelm der Große« am 29. August 1897 die Werft verlassen konnte. Bis zu ihrer für den 15. September geplanten Jungfernreise blieb genügend Zeit für die Erprobungen, die während der 600-Meilen-Reise nach Bremen durchgeführt werden sollten. Kurz nach Verlassen der Werft lief das große Schiff jedoch in der Kaiserfahrt auf Grund und kam erst am 7. September wieder flott. Dadurch wurde ihr Erprobungsplan umgeworfen, so daß die Gesellschaft zu ihrem großen Verdruß auch das Datum der Jungfernfahrt verschieben mußte. Diesmal ging alles gut. Die »Kaiser Wilhelm der Große« verließ Bremerhaven am 19. September und erreichte Southampton am Nachmittag des folgenden Tages, wo ihr ein überwältigender Empfang bereitet wurde. Der Korrespondent des »Marine Engineer« zum Beispiel schrieb: »Am 20. September fuhr ich mit dem Sonderzug, der die Passagiere für die »Kaiser Wilhelm der Große« von London nach Southampton brachte, um mir das Schiff anzusehen. Der Zug war überfüllt; eine so große Zahl von Passagieren aus London hatten auf »Kaiser Wilhelm der Große« gebucht. Wir kamen kurz nach 11.00 Uhr in Southampton an und wurden mit der Nachricht empfangen, daß das Schiff am vorausgegangenen Abend um 19.10 Weser Feuerschiff passiert habe. Das klang nach einer langen Wartezeit mit ziellosem Herumlaufen in der Stadt und im Hafen. Aber schon wenig später hieß es, daß die »Kaiser Wilhelm der Große« Dover um 9.00 Uhr vormittags passiert habe. Das setzte zahllose Bleistifte in Tätigkeit, und das Nachrechnen ergab, daß sie ihre Geschwindigkeit offenbar in ganz bestimmter Absicht demonstriert hatte. Die nächste Ankündigung besagte, daß der Tender um 14.30 Uhr auslaufen würde. Das große Schiff hatte Ryde um 14.20 Uhr passiert, womit sie die Strecke von Weser Feuerschiff bis Ryde in 19 Stunden und 10 Minuten – ganz offensichtlich also in Rekordzeit – hinter sich gebracht hatte. Als der Tender Netley erreichte, kamen die vier Schornsteine des Liners Steuerbord voraus in Sicht und in kürzester Zeit rauschte das große Schiff heran, passierte uns und ging vor dem Hospital zu Anker. Wir kämpften uns längsseit. Das Festmachen schien uns unendlich lange zu dauern; schließlich war die Gangway heruntergelassen. Dazwischen gab es nicht endende Hurra-Rufe, Blasmusik und Taschentücherschwenken.«

Die Zuschauer am Ufer hatten allen Grund zu staunen, als sie den ersten Blick auf dieses große Schiff warfen – den größten Passagierdampfer der Welt! Mit ihren vier gelben Schornsteinen, die paarweise angeordnet waren, dem geraden Bug, ihrem langen, schlanken Rumpf, den zwei Masten und dem Dampferheck verkörperte sie mit jedem Meter ihrer Erscheinung das, was sie war: der Herausforderer der Vorherrschaft der »Campania« und »Lucania«. Ihre Inneneinrichtung, besonders natürlich die 1. Klasse, setzte neue Maßstäbe in Bequemlichkeit und Luxus: Private Suiten, vier private Spielsalons, die sich an den Hauptsalon anschlossen, Schreib- und Lesezimmer und ein Kindergarten. Die Maschinenanlage bestand aus zwei vierzylindrigen Dreifach-Expansionsmaschinen mit einer Leistung von 28 000 PSi. Der Dampf wurde in 12 Doppelenderkesseln erzeugt, bei einem Kohleverbrauch von 250 Tonnen pro Tag. Die Konstruktionsgeschwindigkeit betrug 22,5 Knoten.

Die große Frage war: Würde die Leistung des Schiffes die stolzen Hoffnungen ihrer Eigentümer und die Erwartungen ihrer Erbauer rechtfertigen? Die Jungfernreise bewies, daß »Kaiser Wilhelm der Große« ohne Zweifel ein potentieller Rekordbrecher war. Sie machte die Ausreise von Southampton nach New York über eine Distanz von 3 050 Seemeilen in 5 Tagen, 22 Stunden und 30 Minuten mit einer Durchschnittsgeschwindigkeit von 21,39 Knoten, die Heimreise – 2962 Meilen – mit einer Durchschnittsgeschwindigkeit von 21,87 Knoten in 5 Tagen, 15 Stunden und 25 Minuten.

Der deutsche Herausforderer hatte gezeigt, daß eine große Zukunft vor ihm lag. Schon bald beseitigte die »Kaiser Wilhelm der Große« alle Zweifel über ihre Leistungsfähigkeit. Auf ihrer dritten Heimreise im November 1897 lief sie von New York nach Southampton mit einer Durchschnittsgeschwindigkeit von 22,35 Knoten. Sie hatte jetzt den doppelten Ruhm, das größte und das schnellste Passagierschiff der Welt zu sein. Ein zeitgenössischer Bericht über diese historische Reise hält fest, daß das

Schiff Sandy Hook am 23. November um 16.47 Uhr passierte und die Needles vor Southampton am 29. November um 15.10 Uhr erreicht hatte. »Ihre Reise dauerte 5 Tage, 17 Stunden, 28 Minuten; sie hielt sich dabei noch 25 Minuten längsseits eines brennenden Schiffes auf, so daß ihre tatsächliche Reisezeit 5 Tage, 17 Stunden und 3 Minuten beträgt.«

Die Etmale dieser Reise waren:

»Ausgelaufen New York am 23. November. 24. November 101 sm, 25. November 520 sm, 26. November 573 sm, 27. November 528 sm, 28. November 525 sm, 29. November 507 sm, und bis 15.10 Uhr nachmittags 71 Meilen. Gesamt 3605 Meilen; Durchschnittsgeschwindigkeit 22,35 Knoten.«

Am 5. Mai 1898 brachte der Londoner »Daily Chronicle« folgende Nachricht: »Mit einer Tagesleistung von 580 sm am letzten Tag ihrer Westreise gewann die »Kaiser Wilhelm der Große« das Blaue Band des Atlantik«.

Ihr größter Ruhm gründete sich jedoch auf die Regelmäßigkeit ihrer Leistungen. Auf über fünf Reisen im Jahre 1898 übertraf ihre Durchschnittsgeschwindigkeit diejenige ihrer Jungfernreise. 1899 war der Durchschnitt für sechs aufeinanderfolgende Reisen nach New York 21,75 Knoten und für sechs aufeinanderfolgende Heimreisen 22,13 Knoten, was einem Durchschnitt von 21,94 Knoten entspricht. Im November (einem ungünstigen Monat für schnelle Reisen) des gleichen Jahres lief sie die Strecke von Southampton nach New York in 5 Tagen, 17 Stunden und 27 Minuten mit einer Durchschnittsgeschwindigkeit von eben über 23 Knoten. Dabei lief sie noch Cherbourg an, was normalerweise nicht zu ihrem Fahrplan gehörte. In einem Bericht über diese außerordentlichen Leistungen schrieb die »Times« am 24. August 1900:

»Als die ›Kaiser Wilhelm der Große‹ ihre ersten Reisen machte, konnte man hören, daß sie mit allen Mitteln zu Höchstleistungen gebracht worden sei und daß sie als Folge davon Materialschäden erleiden würde und ihre Geschwindigkeit künftig nicht werde halten können. Die Ereignisse haben diese Voraussage widerlegt. Sie hat bis heute die guten Leistungen ihrer früheren Reisen wiederholt und immer schnelle und sichere Reisen gemacht.«

Die Überlegenheit der »Kaiser Wilhelm der Große« hatte unmittelbar materielle Folgen für die Aktionäre der Reederei. Innerhalb weniger Monate wurde der Norddeutsche Lloyd die beliebteste Gesellschaft im nordatlantischen Passagierdienst. Die Fahrgäste drängten danach, auf diesem Schiff zu reisen. Und sie gaben sich, wenn keine Plätze mehr frei waren, damit zufrieden, auf einem anderen Schiff zu buchen, das die Flagge des Norddeutschen Lloyd führte. 1897 beförderte die Gesellschaft 11 583 I. und II. Klasse-Passagiere sowie 24 562 Zwischendecks-Passagiere nach New York. Im folgenden Jahr waren es 17 895 I. und II. Klasse- sowie 58 223 Zwischendecks-Passagiere! Die zusammengefaßte Zahl von 71 118 Passagieren machte nahezu 24 % aller in New York gelandeten Nordatlantik-Passagiere aus. Zum ersten Mal übertraf die Gesamtzahl der I. und II. Klasse-Passagiere des Norddeutschen Lloyd diejenige der Cunard Line.

Die Konkurrenz-Gesellschaften im Nordatlantik-Dienst hatten allen Grund zu ernsten Betrachtungen, umsomehr als das zweite Schiff, die »Kaiser Friedrich«, in Danzig ihrer Vollendung entgegen ging. Wiederholte sie den Erfolg der »Kaiser Wilhelm der Große«, so konnten die wirtschaftlichen Auswirkungen auf die übrigen Reedereien verheerend sein. Zum Glück für sie erwies sich die »Kaiser Friedrich«, die am 5. Oktober 1897 bei Schichau vom Stapel lief, als ein ebenso großer Fehlschlag, wie »Kaiser Wilhelm der Große« ein Erfolg gewesen war. Äußerlich war die »Kaiser Friedrich« ein schönes Schiff; ihre Inneneinrichtung war geräumig und luxuriös. Ihre Maschinenanlage konnte jedoch die in sie gesetzten Erwartungen nicht erfüllen. Auf ihrer Jungfernreise, die sie am 12. Mai 1898 von Bremen via Southampton antrat, benötigte sie für die Ausreise 7 Tage, 11 Stunden und für die Heimreise 9 Tage, 2 Stunden und 30 Minuten. Ihre zweite Reise war etwas besser: westwärts in 6 Tagen, 12 Stunden, ostwärts in 6 Tagen, 12 Stunden und 10 Minuten. Das aber schien das Maximum dessen zu sein, was »Kaiser Friedrich« zu leisten vermochte. Die Zahlen für die dritte Reise: westwärts 6 Tage, 16 Stunden und heimwärts 6 Tage, 8 Stunden und 55 Minuten. Ihre vierte Rundreise war wieder schlechter, da sie westwärts nach New York auf die Minute 7 Tage benötigte und nach Osten 6 Tage, 21 Stunden und 45 Minuten.

Es war zu befürchten, daß dieses Schiff niemals Rekorde brechen würde. Die Schichau-Werft versuchte, durch Umbauten an der Maschinenanlage und durch Verlängerung der Schornsteine eine Verbesserung der Geschwindigkeit herbeizuführen, und der Lloyd, der das Schiff noch nicht abgenommen hatte, erklärte sich bereit, das Schiff in der Saison 1899 abermals zu testen. Nachdem wiederum die erreichte Geschwindigkeit kaum über 20 Knoten lag, wurde die »Kaiser Friedrich« im Juni 1899 gemäß dem Bauvertrag vom NDL an Schichau zurückgegeben. Vom 30. September 1899 bis zum 10. Oktober 1900 lief sie in Charter für die Hamburg–Amerika Linie, die aber gleichfalls mit dem Dampfer nicht zufrieden war. Danach wurde sie von Schichau in Hamburg aufgelegt. Erst nach 12 Jahren fand sich in der Cie. Sud-Atlantique ein Käufer für die »Kaiser Friedrich«, die jetzt in »Burdigala« umbenannt wurde. Auch die französische Reederei stellte jedoch das Schiff nach kurzer Fahrzeit wieder außer Dienst.

Die Rückgabe der »Kaiser Friedrich« bedeutete, daß »Kaiser Wilhelm der Große«, bis zur Fertigstellung eines inzwischen in Stettin bestellten Schwesterschiffes »die Arbeit allein tun« mußte.

Das neue Schiff war für den Lloyd umso lebenswichtiger, als mittlerweile die Vorherrschaft der »Kaiser Wilhelm der Große« durch die Indienststellung des 16 503 BRT großen Hapag-Schnelldampfers »Deutschland« im Juni 1900 ernstlich bedroht war. Es war nur natürlich, daß der anhaltende Erfolg der »Kaiser Wilhelm der Große« Gegenmaßnahmen seitens der Konkurrenz-Reeder nach sich ziehen würde, und zwar besonders seitens des Generaldirektors der Hamburg–Amerika Linie, Albert Ballin. Als einer der fähigsten Schiffahrtsleute aller Zeiten war sich Ballin sehr bald darüber klar, daß seine Gesellschaft nur dann erfolgreich mit dem Norddeutschen Lloyd konkurrieren konnte, wenn er ein Schiff in Fahrt bringen würde, das an Größe, Luxus und Geschwindigkeit den Inhaber des Blauen Bandes übertraf. Das Problem war die Finanzierung. Bau und Betrieb großer und schneller Schiffe kosteten eine Menge Geld. Die wirtschaftliche Auswirkung solcher Investitionen auf die Gesellschaft mußte erwogen werden. Ballin hatte Glück. Der Ausbruch des spanisch-amerikanischen Krieges 1898 nötigte die Spanier, ihren Mangel an Hilfskreuzern durch den Ankauf von zwei Hapag-Schnelldampfern auszugleichen. Es handelte sich um die »Columbia« von 7363 BRT, erbaut 1889 bei Laird in Birkenhead und die »Normannia« von 8242 BRT, erbaut 1890 bei Fairfield in Glasgow. Das Fehlen dieser beiden Schiffe brachte zwar den Hapag-Fahrplan zwischen Hamburg, Southampton und New York durcheinander, andererseits jedoch wurde Ballin durch den Erlös für die Schiffe in die Lage gesetzt, seine Pläne weiter voranzutreiben. Die Vulcan-Werft in Stettin, die auch den Rekordbrecher des Norddeutschen Lloyd gebaut hatte, erhielt den Auftrag auf ein Schiff, das die »Kaiser Wilhelm der Große« übertreffen und »das feinste Passagierschiff der Welt« werden sollte.

Das war keine leere Redensart. Am 10. Januar 1900 lief die »Deutschland« in Anwesenheit Kaiser Wilhelms II. vom Stapel und war tasächlich ein großartiges und imposantes Schiff. Wie bei »Kaiser Wilhelm der Große« waren die vier Schornsteine paarweise aufgestellt. Sie war 16 502 BRT groß gegenüber den 14 349 BRT ihrer Rivalin. Die anderen Abmessungen waren (in Klammern zum Vergleich die Zahlen für »Kaiser Wilhelm der

Große«) Länge über alles 208,5 m (199,5 m); Breite 20,4 m (20,1 m); Tiefe bis zum Hauptdeck 12,2 m (13,1 m); Passagiere I. Klasse 700 (332); II. Klasse 300 (343); III. Klasse 280 (1074). Die Maschinenanlage der »Deutschland« bestand aus zwei Sechs-Zylinder-Vierfach-Expansionsmaschinen, die vertraglich vereinbarte Leistung betrug 33 000 PSi, die Konstruktionsgeschwindigkeit 23,6 Knoten. Der Dampf für die Maschinen wurde in 12 Doppelend- und 4 Einfachkesseln erzeugt.

Es war offensichtlich, daß es Ballin darauf ankam, die I. Klasse-Passagiere zu gewinnen. Mit der Verlagerung des Schwergewichts auf den Erster-Klasse-Luxus wurde die »Deutschland« zum Vorläufer jener großen Fahrgastschiffe, die später die Atlantik-Route zur »Straße der Schwimmenden Hotels« machen sollten. Die »Deutschland« wurde in der bemerkenswert kurzen Zeit von fünf Monaten fertiggestellt und verließ im Juni 1900 die Stettiner Werft. Aber wie schon die »Kaiser Wilhelm der Große« geriet auch sie erst einmal in Schwierigkeiten. Trotz der Assistenz von sieben Schleppern lief sie auf der Norderbank auf Grund. Das Bergungsschiff »Seeadler« und zwei Marienefahrzeuge wurden entsandt, um der »Deutschland« zu helfen. Es dauerte jedoch 14 Tage, ehe sie von diesen drei Schiffen und den sieben Schleppern wieder flott gemacht werden konnte. Eine Untersuchung ergab, daß sie keinen ernsthaften Schaden erlitten hatte. So konnte sie das geplante Jungfernreisedatum, den 4. Juli 1900, einhalten. Es war zufällig das gleiche Datum, an dem 60 Jahre zuvor der erste Cunarder, die »Britannia«, Liverpool zur ersten Reise über den Atlantik verlassen hatte.

Von Hamburg ging die »Deutschland« nach Plymouth, wo sie am 6. Juli weitere Passagiere an Bord nahm, ehe sie ihre Reise nach New York fortsetzte, die sie in 5 Tagen, 15 Stunden und 46 Minuten vom Eddystone Leuchtturm nach New York mit einer Durchschnittsgeschwindigkeit von 22,42 Knoten über eine Distanz von 3044 Meilen beendete.

Ihre Heimreise führte mit 3085 Meilen über einen etwas längeren Kurs. Am 18. Juli um 9.30 Uhr warf sie von ihrem Liegeplatz in Hoboken los, passierte Sandy Hook um 11.35 Uhr und traf am 24. Juli um 7.40 Uhr vor dem Eddystone Leuchtturm bei Plymouth ein. Sie hatte für die Überreise 5 Tage, 14 Stunden und 6 Minuten mit einer Durchschnittsgeschwindigkeit von 23 Knoten gebraucht!

Um 8.30 Uhr ankerte das Schiff vor Plymouth, wo 100 Passagiere und Post ausgeschifft wurden und ging dann nach Cherbourg, ehe sie endlich im Hamburg ankam, wo ihr als der neuen Inhaberin des Blauen Bandes ein begeisterter Empfang zuteil wurde. Im September 1900 bewies diese »Deutschland« dann endgültig, daß sie in puncto Geschwindigkeit dem »Kaiser« überlegen war. Trotz einiger halbherziger Dementis seitens der Reeder beider Schiffe war der September der Monat des »großen Rennens« zwischen den zwei schnellsten Handelsschiffen der Welt. Unter Kapitän Albers lief die nach Plymouth bestimmte »Deutschland« am 4. September um 13.15 Uhr amerikanischer Zeit von New York aus und traf am 10. September um 12.35 Uhr Greenwich-Zeit vor Kap Lizzard ein.

»Kaiser Wilhelm der Große« unter Kapitän Engelhart, der 90 Minuten vor seiner Rivalin von New York in See gegangen war, wurde am 10. September um 16.45 Uhr vor Lizzard gesichtet. Der Vorsprung der »Deutschland« gegenüber »Kaiser Wilhelm der Große« betrug demnach 5 Stunden und 50 Minuten, was als »das Maß ihrer Überlegenheit an Geschwindigkeit angesehen werden müsse«, wie ein zeitgenössisches Blatt kommentierte. Der Kapitän der »Deutschland« war jedoch nicht geneigt, es hierbei zu belassen. Sein Fahrplan sah Plymouth und Cherbourg als Zwischenhäfen vor, während »Kaiser Wilhelm der Große« direkt nach Cherbourg ging. Kapitän Albers ging also nach Plymouth, um seine Passagiere und die Post zu landen, brauste dann über den Kanal nach Cherbourg, wo er um 8.30 Uhr eintraf und weitere Passagiere und Post von Bord gab, und war schon wieder unterwegs nach Hamburg, als »Kaiser Wilhelm der Große« drei Stunden später in Cherbourg eintraf. Die offiziellen Zeiten für die jeweiligen Reisen wurden wie folgt angegeben:

»Deutschland« – New York/Sandy Hook nach Plymouth/Eddystone Feuer: 5 Tage, 7 Std., 38 Min., Durchschnittsgeschwindigkeit 23,38 Knoten. Zurückgelegte Distanz 2982 Meilen.

»Kaiser Wilhelm der Große« – New York/Sandy Hook nach Cherbourg: 5 Tage, 17 Stunden, 27 Minuten.

Durchschnittsgeschwindigkeit 22,4 Knoten. Gelaufene Distanz 3076 Meilen.

»Die Geschichte dieses Rennens ist die aufregendste seit 1894, als die ›Majestic‹ ihr Rennen gegen die ›Paris‹ lief und sie schlug«, berichtete die »Daily Mail« in London. »Jedermann wußte, daß Kapitän Albers von der »Deutschland« und Kapitän Engelhart auf »Kaiser Wilhelm der Große« alles tun würden, um die beste Leistung aus ihren Schiffen herauszuholen, obwohl beide abstritten, daß eine Wettfahrt stattfinden solle.

Beide Schiffe wählten zum erstenmal in dieser Saison den Winterkurs aus, der nördlicher und etwa 90 sm kürzer ist als der Sommerkurs. Für »Kaiser Wilhelm der Große« war dabei das um 1½ Stunden frühere Auslaufen auch deshalb ein Vorteil, weil die »Deutschland« beim Verlassen New Yorks einen großen Bogen schlagen mußte, um Gegenströmungen auszuweichen. Als sie die freie See erreichte, war »Kaiser Wilhelm der Große« bereits außer Sichtweite.

Die ganze Nacht hindurch lief die »Deutschland« mit voller Fahrt, wobei sie über 23 Knoten machte, und um 5 Uhr am nächsten Morgen hatte sie den »Kaiser« wieder in Sicht. Die Passagiere eilten an Deck und ließen stundenlang kein Auge von dieser Jagd.

Langsam aber sicher holte die »Deutschland« auf. Das Frühstück blieb stehen. Als es Mittag wurde und der »Kaiser« abermals nähergekommen war, vergaß man darüber das Dinner. Um 11.30 Uhr klangen Hurra-Rufe über das Wasser; die »Deutschland« hatte sich Meter für Meter vorgeschoben und mit dem »dreimal AK« laufenden Lloyd-Dampfer gleichgezogen. In vier Seemeilen Abstand liefen beide Schiffe auf gleicher Höhe und kämpften um die Führung. Der Tag gehörte der »Deutschland« – eine Stunde später lag sie klar vorn. Als die Nacht herabsank, war »Kaiser Wilhelm der Große« achtern außer Sicht«.

Die Etmale der beiden Schiffe wurden wie folgt notiert:

	»Deutschland«	»Kaiser Wilhelm der Große«
1. Tag	507 Meilen	498 Meilen
2. Tag	535 Meilen	514 Meilen
3. Tag	540 Meilen	519 Meilen
4. Tag	540 Meilen	520 Meilen
5. Tag	545 Meilen	520 Meilen
Letzter Tag	360 Meilen	505 Meilen

Durchschnittsgeschwindigkeit: »Deutschland« 23,38 Knoten, »Kaiser Wilhelm der Große« 22,4 Knoten. Bei der Ankunft der »Deutschland« in Plymouth erklärte Kapitän Albers im Gespräch mit Zeitungskorrespondenten, daß sein Schiff »noch etwas Reserve drin gehabt hätte«. Ein Passagier, Mr. F. Higbee vom Internationalen Roten Kreuz, berichtete, die Heizer hätten nackt bis zur Hüfte gearbeitet und seien ständig mit kaltem Wasser übersprüht worden, und auch die Maschinen seien ziemlich ununterbrochen mit kaltem Wasser gekühlt worden. Wieviel Wahrheit in dieser Behauptung steckte, ist schwer festzustellen. Aber eine unleugbare Tatsache begann sich herauszustellen: Wenn die »Deutschland« Höchstgeschwindigkeit lief, dann vibrierte sie vom Bug bis zum Heck und war ein höchst ungemütliches Schiff. Ihre Neigung zum Vibrieren war schon während ihrer Probefahrt im Juni 1900 zutage getreten, und man hatte ausgedehnte Versuche unternommen, um diesem Mangel abzuhelfen. Die Versuchsergebnisse waren Gegenstand eines langen technischen Vortrags, der von Otto Schlick anläßlich der Frühjahrssitzung des Institute of Naval Architects am 28. März 1901 in London gehalten wurde. Sicher rief der Vortrag das Entzücken der Fachleute hervor, den Passagieren der »Deutschland« hingegen half er nicht.

Das ganze Jahr 1901 hindurch setzte das Schiff seine schnellen Reisen fort. Im gleichen Juli lief sie auf der Winterroute von New York nach Plymouth 5 Tage, 11 Stunden und 5 Minuten mit einer Durchschnittsgeschwindigkeit von 23,51 Knoten! Infolge der ständigen Vibration verlor das Schiff am 22. April 1902 mitten im Atlantik Hintersteven und Ruder. Der Kapitän brachte die »Deutschland«, mit den Schrauben steuernd, nach Hamburg, wo sie bei Blohm & Voss in die Werft ging. Ein neuer Hintersteven mußte gegossen werden. In der Zwischenzeit wurden Maschinen und Kessel des Liners grundüberholt und verschiedene kostspielige Verbesserungen vorgenommen. Der Einbau des Hinterstevens verzögerte sich dadurch, daß das im Bau befindliche große Schwimmdock von Blohm & Voss erst fertiggestellt werden mußte. Es dauerte bis zum Oktober, ehe die »Deutschland« wieder den Hamburg–New York-Dienst aufnehmen konnte.

Aber sie war kein Schiff der gleichmäßigen Leistungen wie »Kaiser Wilhelm der Große«. Die Vibrationsprobleme machten weiterhin Ärger. Mehrmals kam es zu Maschinenstörungen. Teure Reparaturen bewirkten keine wesentliche Besserung. Zudem war sie ein Einzelschiff – kein anderes Hapag-Schiff erreichte auch nur annähernd ihre Geschwindigkeit. So zog Ballin sie 1910 aus dem Dienst. Der einzige Sieger der Hamburg–Amerika Linie im Wettstreit um das Blaue Band wurde bei der Vulcan-Werft in Stettin gründlich überholt und zu einem Cruise

Liner für 500 Erster-Klasse-Passagiere umgebaut. Die Maschinenleistung wurde auf 15 000 PSi für eine Geschwindigkeit von 18 Knoten reduziert. Unter dem Namen »Victoria Luise« machte sie bis zum Ausbruch des Ersten Weltkrieges Kreuzfahrten nach Mittelmeerhäfen, nach Westindien und Norwegen. Das war sicher weniger ruhmreich als die Jagd nach Geschwindigkeitsrekorden, brachte aber reichen Reisenden weit mehr Vergnügen.

Aber das war erst später. Um die Jahrhundertwende war die »Deutschland« anerkannte Inhaberin des Blauen Bandes, das schnellste Handelsschiff der Welt! Ihr einziger Konkurrent war die »Kaiser Wilhelm der Große«, die keine Vibrationsprobleme kannte und eine endlose Folge schneller Reisen machte, ohne allerdings der »Deutschland« den Rekord wieder abnehmen zu können. Daß sie ein glückhaftes Schiff war, erwies sich am 30. Juni 1900. Ein Feuer war an der Pier des Norddeutschen Lloyd in Hoboken ausgebrochen, das sich rasch ausbreitete und innerhalb weniger Minuten vier Passagierdampfer des Lloyd erfaßte. »Bremen«, »Main« und »Saale« erlitten dabei, obwohl sie sofort losgeworfen und abgeschleppt wurden, sehr erhebliche Beschädigungen, die »Saale« sank sogar. Das Feuer forderte fast 300 Todesopfer. »Kaiser Wilhelm der Große« entging größeren Beschädigungen, weil es gelang, sie quer über den Fluß an die Pier der Cunard Line in Sicherheit zu bringen.

Der Norddeutsche Lloyd hatte allen Grund, mit seinem berühmten Schiff zufrieden zu sein. Der Ausfall der »Kaiser Friedrich« bedeutete jedoch, daß der »Kaiser« den Dienst allein aufrecht erhalten mußte, was natürlich die Regelmäßigkeit beeinträchtigte.

Deswegen war der Auftrag für ein weiteres Schiff, die »Kronprinz Wilhelm«, an die Vulcan-Werft in Stettin vergeben worden. Das Schiff lief am 30. März 1901 vom Stapel und trat seine Jungfernfahrt von Bremerhaven und Southampton nach New York am 17. September an. Seine Hauptabmessungen waren:

Länge über alles: 202,2 m; Breite: 20,2 m; Raumtiefe 13,1 m; 14 908 BRT. Fahrgäste: Erste Klasse: 593; Zweite Klasse: 362; Dritte Klasse: 696. Die Maschinenanlage bestand aus zwei Sechszylinder Vierfach-Expansionsmaschinen mit 33 000 PSi für eine Geschwindigkeit von 23 Knoten. Äußerlich war »Kronprinz Wilhelm« ein Schwesterschiff der »Kaiser Wilhelm der Große«. Zusätzliche Annehmlichkeiten und mehr Luxus, insbesondere für die Erste-Klasse-Passagiere, bedingten eine neue Planung und Einteilung der Aufenthaltsräume, einschließlich eines zusätzlichen Leseraums zur Bibliothek, eines Schreibsalons sowie einiger Kabinen auf dem Bootsdeck, das früher ausschließlich für den Kapitän und die Offiziere reserviert war, als zusätzliche Suiten, die aus Aufenthaltsraum, Schlafzimmer und Badezimmer bestanden. Ein zeitgenössischer Kommentar über die luxuriöse Einrichtung: »Der Prunk, den reiche Amerikaner verlangen und für den sie zu zahlen bereit sind, scheint keine Grenzen zu kennen.«

Bemerkenswert war die ausgiebige Anwendung der Elektrizität, die nicht nur die Beleuchtung im Schiff lieferte, sondern im Rauchsalon der Ersten Klasse elektrische Zigarrenanzünder betrieb, alle Uhren im Schiff synchronisierte, ein weitverzweigtes Telefonsystem speiste (erstmalig waren auch Telefone in den Erste-Klasse-Kabinen vorgesehen) und elektrische Ventilatoren mit Energie versorgte. Eine wichtige Neuerung war eine automatische Schottenschließanlage, mit der die Türen in den wasserdichten Schotten von der Brücke aus geschlossen werden konnten. Die »Kronprinz Wilhelm« führte eine Station für drahtlose Telegraphie an Bord, genauso wie »Kaiser Wilhelm der Große«, die als erster Passagierdampfer auf dem Nordatlantik damit ausgerüstet war. Nach erfolgreichen Probefahrten in der Nordsee, bei denen eine Geschwindigkeit von 23,34 Knoten erreicht wurde, nahm die »Kronprinz Wilhelm« eine Gesellschaft deutscher Geschäftsleute für eine kurze Seereise nach Bergen an Bord. Von dort ging sie nach Leith, wo Kapitän und

Reederei am 10. September 1901 eine große Zahl britischer Geschäftsleute, Reiseagenten und andere Gäste einluden und bewirteten.

Auf ihrer Jungfernreise von Bremerhaven am 17. September lief das Schiff am folgenden Tage Southampton an und machte am Ocean-Kai fest, ehe sie nach Cherbourg weiterlief, von wo sie schließlich um 20.00 Uhr in See ging. Sie war voll ausgebucht. Die Geschwindigkeit der »Kronprinz Wilhelm« während ihrer Probefahrten hatte Anlaß zu hohen Hoffnungen gegeben, daß sie sich als schneller als die »Deutschland« erweisen und auf ihrer ersten Reise das Blaue Band gewinnen würde. Allerdings hatte Kapitän Stormer auf dieser Reise mehr damit zu tun, den Nordatlantik in seiner schlimmsten Erscheinungsform zu meistern, als sein Schiff zu Geschwindigkeitsrekorden zu führen. Auf der Heimreise war das Wetter freundlicher. Die Passage von New York nach Plymouth wurde in 5 Tagen, 9 Stunden und 48 Minuten mit einer Durchschnittsgeschwindigkeit von 23,1 Knoten geschafft.

Der Vorstand der Gesellschaft, der sehr darauf sah, den Norddeutschen Lloyd im Blickfeld der Öffentlichkeit zu halten, hatte zum ersten Mal in der Geschichte einen Kameramann beauftragt, einen Film von dieser Reise zu drehen. Ende November mietete der Norddeutsche Lloyd das Alhambra-Theater in London für eine Sondervorführung des Films vor geladenen Gästen. Der Korrespondent des »Marine Engineer« schrieb in seinem Bericht darüber folgendes:

»Die Filmvorführung des Norddeutschen Lloyd im Alhambra war ein großer Erfolg. Das große Gebäude war voll besetzt. Unter den Gästen im Parkett saßen viele Leute von Rang und Namen aus der Schiffahrts- und Zeitungswelt, während die Ränge sympathischerweise an Jungen aus dem Greenwich-Hospital vergeben worden waren, die sich über die Einladung mächtig gefreut haben und den Vorgängen mit Spannung folgten.

Der Film enthielt etwa 31 Szenen mit rund 180 000 Einzelbildern. So sah man zunächst die Ankunft der Sonderzüge des Norddeutschen Lloyd in Bremerhaven, dann die Abreise und die zurückbleibende Pier. Danach das Einlaufen in Southampton und Bilder vom Leben auf See. Wir sahen Zwischendeckspassagiere, die der Besatzung bei der Zubereitung der Mahlzeiten halfen. Auf dem Promenadendeck die langen Reihen der Liegestühle mit ihren hübschen, gegen die Seebrise wohlverpackten und geschützten Benutzerinnen und ebenso Männer, die auf dem freien Platz an Deck auf und ab spazierten. Um 11.00 Uhr wurde eine Tasse Bouillon serviert, die der immer hungrige Passagier und Reisende so sehr zu schätzen weiß. Von Interesse für alle waren die zahlreichen Bilder des sturmgepeitschten Atlantik, die – so glaube ich – beim zweiten oder dritten Sehen jedermann noch viel stärker beeindrucken würden. Alles in allem war die Vorführung ein großer Erfolg, zu dem sowohl die Reederei wie der Fotograf zu beglückwünschen sind, ebensosehr wegen der Idee wie wegen der Ausführung.«

Rückblickend verdient der Norddeutsche Lloyd ein besonderes Lob für die Entscheidung, diese Sturmszenen zu zeigen, die sicher nicht unbedingt mögliche zukünftige Passagiere zu Reisen auf dem Atlantik ermuntern. Vielleicht lag der Reederei aber gerade daran, die See-Eigenschaften der »Kronprinz Wilhelm« zu demonstrieren.

Das Vertrauen in das Schiff war voll gerechtfertigt. Es erwies sich als ein würdiger Rivale der »Deutschland«. Der scharfe Wettbewerb zwischen den beiden Schiffen um das Blaue Band gab Anlaß zu einem Streit, als im Juni 1902 die »Kronprinz Wilhelm« behauptete, die Ostreise von New York mit einer Durchschnittsgeschwindigkeit von 23,53 Knoten gemacht und damit die 23,51 Knoten der »Deutschland« überboten zu haben. Diese Behauptung wurde von der Hamburg-Amerika Linie zurückgewiesen, was zu mehrere Wochen dauernden Querelen führte, ehe der Norddeutsche Lloyd zugab, daß sich während der Reise der »Kronprinz Wilhelm« ein Fehler in die Brückenberechnungen eingeschlichen habe. Das Prestige der »Deutschland« war damit wieder hergestellt. Aber nicht für lange. Im September 1902 machte die »Kronprinz Wilhelm« eine Rekordreise von Cherbourg nach New York in 5 Tagen, 11 Stunden und 57 Minuten mit einer Durchschnittsgeschwindigkeit von 23,09 Knoten, womit die Leistung beider Schiffe ausgeglichen war. Die in Bruchzahlen hinter dem Komma ausgedrückten Geschwindigkeitsunterschiede der beiden Schiffe dauerten an, die »Kronprinz Wilhelm«, die keine Schwierigkeiten mit der Vibration hatte, war jedoch stets das beliebtere Schiff.

Zu dieser Zeit befaßte sich der amerikanische Bankier J. Pierpont Morgan damit, die International Mercantile Marine Company aufzubauen, die alle größeren Atlantik-Reedereien aufnehmen sollte. 1902 machte diese grandiose Planung beträchtliche Fortschritte. Es wurden Verhandlungen über den Erwerb der White Star Line und Gespräche mit der Cunard Line geführt. Die beiden deutschen Reedereien, die eigenständig blieben, waren sich über die Folgen dieses Zusammenschlusses im klaren, der gewaltige Auswirkungen auf den Nordatlantik-Passagier- und Frachtverkehr haben mußte. Um dieser Bedrohung zu begegnen, schlossen die Hamburg-Amerika Linie und der Norddeutsche Lloyd einen auf 10 Jahre befristeten Vertrag mit Morgan und seiner IMM, nach welchem die deutschen Gesellschaften weiterhin selbständig bleiben, jedoch in Verbindung mit dem amerikanischen Trust arbeiten würden. So konnten sie mit etwas mehr Gleichmut in die Zukunft blicken.

In Gegenwart des Kaisers war für den Norddeutschen Lloyd am 12. Augst 1902 ein weiterer Schnelldampfer, die »Kaiser Wilhelm II«, vom Stapel gelaufen. Er war nicht nur größer als »Kronprinz Wilhelm« und »Deutschland«, sondern auf Grund der Erfahrungen mit diesen Schiffen erheblich weiterentwickelt.

Der Neubau war auch deshalb bemerkenswert, weil in der Konstruktion die Möglichkeit, ihn kurzfristig zum Hilfskreuzer umzubauen, von vornherein berücksichtigt worden war. In der Silhouette ähnelte das Schiff seinen Vorgängern, hatte jedoch drei Masten. Die Hauptabmessungen waren: 19 361 BRT; 215 m Länge über alles; 21,5 m Breite; 16,0 m Raumtiefe. Zwei Sechszylinder-Vierfach-Expansionsmaschinen leisteten 44 500 PSi für die Konstruktionsgeschwindigkeit von 23 Knoten. Die Einrichtung war für 775 I. Klasse-Passagiere, 343 II. Klasse-Passagiere und 770 III. Klasse Passagiere berechnet. Wie inzwischen allgemein üblich, bildete stark zur Schau getragener Luxus die Grundnote für Tagesräume und Kabinen der I. Klasse, während für die II. Klasse Nützlichkeitsgesichtspunkte bestimmend waren, und sieben große Schlafsäle im Zwischendeck für die Auswanderer vorgesehen waren.

Am 14. April 1903 lief die »Kaiser Wilhelm II« zur Jungfernreise nach New York via Southampton aus. Trotz guter Fahrtergebnisse tat das Schiff sich in der Eroberung des Blauen Bandes recht schwer. Erst 1904 gelang es ihr, auf der Route Cherbourg–Sandy Hook die »Kronprinz Wilhelm« mit dem Reiseergebnis 5 Tage, 12 Stunden und 44 Minuten bei 23,12 Knoten zu schlagen; sie blieb jedoch hinter den 23,15 Knoten der »Deutschland« aus dem Jahre 1903 zurück. Den Rekord in Ostrichtung, den noch immer die »Deutschland« mit 23,51 Knoten hielt, konnte »Kaiser Wilhelm II« sogar erst 1906 brechen, als sie die Strecke Sandy Hook–Eddystone Feuer in 5 Tagen, 8 Stunden und 16 Minuten mit 23,58 Knoten Durchschnittsgeschwindigkeit zurücklegte.

Die am 6. August 1907 in Dienst gestellte Schwester der »Kaiser Wilhelm II«, die »Kronprinzessin Cecilie«, hatte keine Chance mehr, das Blaue Band zu gewinnen. In England hatte sich inzwischen einiges ereignet.

Der Übergang der White Star Line in die International Mercantile Marine Co. und die bekannte Tatsache, daß auch die

Cunard Line an einem Beitritt nicht uninteressiert war, ließen Befürchtungen über Großbritanniens künftige Repräsentation auf der wichtigsten internationalen Schiffahrtsroute aufkommen. Um abzuwenden, was als ein nationales Unglück angesehen wurde, und um der deutschen Vorherrschaft im atlantischen Passagierdienst ein Ende zu setzen, trat die britische Regierung in langwierige Verhandlungen mit der Cunard Line ein, die derzeit finanziell nicht in der Lage war, Aufträge für große und schnelle Fahrgastschiffe zu vergeben. Die Regierung bot Cunard 2 600 000 Pfund, rückzahlbar in 20 Jahren bei einem jährlichen Zinssatz von 2,75 Prozent, als Darlehen an. Dafür sollte die Cunard Line zwei 24,5 Knoten schnelle Schiffe für den Nordatlantik-Dienst bestellen und sich verpflichten, eine rein britische Gesellschaft zu bleiben, so lange diese beiden Schiffe im Dienst blieben. Ferner sollte die Cunard Line ihre gesamte übrige Tonnage im Falle einer nationalen Notlage der Regierung zur Verfügung stellen. Nach Zustimmung beider Häuser des Parlaments am 13. August 1903 trat der Vertrag in Kraft.

Die Unvergleichlichen - Lusitania und Mauretania 1907 bis 1929

MAURETANIA

Nachdem die Übereinkunft mit der Cunard Line das Parlament passiert hatte, war es an der Gesellschaft, die Bedingungen zu erfüllen. Es war eine Aufgabe, die alle Kräfte erfordern würde. Die Direktoren waren sich darüber im klaren, daß sie die britische Öffentlichkeit nicht enttäuschen durften. Man erwartete, daß Cunard Schiffe in Dienst stellen würde, die nicht nur den deutschen Rekordbrechern das Blaue Band entreißen, sondern die auch die Bedrohung der britischen Nordatlantikfahrt durch den Morgan-Trust aufheben würde. Mit der versprochenen Regierungsanleihe waren die Direktoren in der Lage, auf dem Zeichenbrett Schiffe zu entwerfen, die nach Größe, Geschwindigkeit und Luxus der Ausstattung alle erdenklichen Ansprüche erfüllen konnten.

Um die für Handelsschiffe bisher unbekannte Geschwindigkeit von 24,5 Knoten zu erreichen, mußte beträchtlicher Platz für die Maschinenanlage vorgesehen werden. Um andererseits die Kosten für diese Maschinenanlage möglichst schnell amortisieren zu können, mußten die Fahrgasteinrichtungen so attraktiv geplant werden, daß sie alles bisher auf Schiffen gebotene bei weitem übertrafen. Ein dritter Faktor, der viele Probleme aufwarf, lag darin, daß bei der Festlegung der Abmessungen – Länge, Breite und besonders Tiefgang – die Einrichtungen der anzulaufenden Häfen berücksichtigt werden mußten. In ihren Überlegungen wurde die Cunard Line von den Werften unterstützt, die zur Abgabe von Angeboten aufgefordert worden waren. Das waren Swan, Hunter & Wigham Richardson in Newcastle, Vickers Son und Maxim, Barrow-in-Furness und John Brown & Co., Clydebank. Für die Modellversuche, die von diesen drei Firmen durchgeführt wurden, stellte die Admiralität ihren Versuchstank in Hasler zur Verfügung. Hier wurden in einer langen Serie von Versuchen, die von Dr. Froude in Zusammenarbeit mit Sir Watte, dem Direktor des Marine-Konstruktionsbüros ausgeführt wurden, wertvolle Daten gewonnen. Als Ergebnis dieser Versuche wurden die Abmessungen der Schiffe wie folgt festgelegt: 231,6 m Länge zwischen den Loten; 240 m Länge über alles; 26,8 m Breite; 18,4 m Raumtiefe. Diese Abmessungen waren größer als ursprünglich vorgesehen und machten es Vickers unmöglich, ein Angebot vorzulegen, da die Anlagen der Barrow-Werft nicht ausreichten. Noch ein Problem blieb zu lösen: Es betraf die Art der Antriebsmaschinen. Die Tankversuche hatten gezeigt, daß für Schiffe mit diesen Abmessungen für 24,5 Knoten eine Leistung von 68 000 PS erforderlich war. Im Entwurf vom Juli 1903 lagen die Einzelheiten für Kolbendampfmaschinen fest, die diese Leistung erreichen sollten. Dieser Maschinentyp war seit langen Jahren in Schnelldampfern bewährt und von den Deutschen erfolgreich vervollkommnet worden. Viele Marineingenieure waren der Ansicht, daß es damals keine Alternative zur Kolbenmaschine gab. Ihnen stand eine wachsende Gruppe gegenüber, die den von Charles A. Parsons erfundenen Turbinenantrieb bevorzugten. Die Turbine war seit der aufsehenerregenden Demonstration durch die »Turbinia« während der Marine-Jubiläumsschau im Juli 1897 in Spithead erheblich verbessert worden. Ein Nachteil lag darin, daß sich die Dampfturbine immer noch im Experimentierstadium befand. Die Zahl der damit ausgerüsteten Schiffe konnte man fast an den Fingern einer Hand abzählen. Darunter befanden sich drei Torpedobootzerstörer, zwei Clyde-Fährdampfer – die »King Edward« von 1901 und die »Queen Alexandra« von 1902 – sowie zwei Kanalfähren, »The Queen«, die im Dover-Calais-Dienst lief und die »Brighton« auf der Newhaven-Dieppe-Route, beide im Juli 1903 fertiggestellt. Nur ein einziges Turbinenschiff hatte bis jetzt den Atlantik überquert, die für Sir Christopher Furness gebaute Yacht »Emerald«. Die Schiffe der Allan Linie, »Victorian« und »Virginian«, die ersten Atlantik-Liner mit Turbinenantrieb, befanden sich damals noch im Bau. Zugegeben, das Turbinensystem hatte sich bei allen damit ausgerüsteten Schiffen sehr gut bewährt und im Falle der Clyde-Fähren und der Kanaldampfer erheblich zur Pünktlichkeit der Schiffe und damit zur Zufriedenheit der Passagiere beigetragen. Aber die Kluft zwischen den Abmessungen dieser kleinen Fahrzeuge und denen der projektierten Atlantikriesen war ungeheuer. Und wenn es Cunards Pflicht war, jede mögliche Form des Schiffsantriebs zu untersuchen, so war es ebenso wesentlich, dabei keinen Fehler zu machen. Denn mit der Leistung dieser Schiffe würde die Cunard Line stehen oder fallen.

Im September 1903 trat die Cunard Line einen Schritt, der ohne Beispiel war. Sie lud eine Gruppe von Schiffbauexperten, Schiffsmaschinenbauern und Männern mit langer praktischer Erfahrung in Schiffsführung und Schiffbau zur Bildung eines Ausschusses ein, der dieses Problem studieren sollte. Mr. James Bain, der Generalinspektor der Cunard Line, wurde zum Vorsitzenden ernannt. Sechs Monate lang verwandte der Ausschuß viel Zeit und Energie auf das Problem. Man hörte und erörterte alle Argumente für und gegen die Turbinen. Man prüfte Daten und studierte Leistungen von Turbinenmaschinen an Land und auf See. Sechs Monate lang untersuchte der Ausschuß Faktoren wie die Vibration und die Einsparung von Maschinenraum. Und man hatte gegen die steigende Zahl der Beweise zugunsten der Turbine den unbekannten Faktor abzuwägen: wenn Turbinen in diese beiden Schiffe installiert wurden, würden sie die von ihnen erwartete Leistung erbringen können? Es gab keine Erfahrungen, an denen sie sich hätten orientieren können. Im März 1904 lag das Ergebnis vor. Die Experten empfahlen einmütig die Turbine. Die endgültige Entscheidung lag nun beim Vorstand der Cunard Line, der der Empfehlung des Ausschusses folgte.

Kurz danach wurde bekannt, daß die Aufträge für den Bau von zwei großen Schnelldampfern vergeben worden seien: Die »Lusitania« wurde bei John Brown & Co. in Clydebank und die »Mauretania« bei Swan, Hunter & Wigham Richardson in Newcastle bestellt.

Der Bau der »Lusitania« in Clydebank begann am 20. September 1904. Am 7. Juni 1906 lief sie vom Stapel, nachdem der Taufakt von Lady Mary Inverclyde, der Witwe Lord Inverclydes, vollzogen worden war. Lord Inverclyde hatte als Vorstand der Cunard Line die Verhandlungen geführt, die dem Vertrag mit der Regierung vorangegangen waren. Er starb am 8. Oktober 1905 im Alter von nur 44 Jahren. Sein Tod war ein großer Verlust für die Cunard Line und darüber hinaus für die gesamte Schiffahrtswelt.

Der Stapellauf des Schiffes wurde als ein nationales Ereignis ersten Ranges angesehen. Die »Daily Mail« schrieb: »Zu keinem Stapellauf eines Handelsschiffes sind jemals so viele Persönlichkeiten aus der Welt der Wissenschaft und der Schiffahrt zusammengekommen. Sie kamen aus allen Teilen Englands und den Kolonien, aus Deutschland, Frankreich, Japan und Rußland.« »Umfangreiche Vorkehrungen waren dem Stapellauf vorausgegangen«, berichtete eine technische Zeitung, »und daß dies notwendig war, beweist schon die Tatsache, daß das Stapellaufgewicht dieses Riesen 16 000 t betrug, bei weitem das größte Gewicht, das jemals auf einem Stapellaufschlitten ablief.«

Sir Charles McLaren, der Vorstandsvorsitzende der Werft John Brown & Co. sagte bei einem anschließenden Lunch vor 600 geladenen Gästen in einem Toast auf die »Lusitania« und ihre Reederei unter anderem, daß er sicher sei, daß keiner der hier Anwesenden, selbst wenn er in dem einen oder anderen Sinne ein Konkurrent sei, nicht glücklich und befriedigt sei über das, was hier geschaffen wurde. Denn das Schiff, das soeben vom Stapel gelaufen sei, sei mit Abstand das größte, das jemals zu Wasser gelassen wurde. Seine Maschinenleistung würde es mit einer Geschwindigkeit über den Atlantik jagen, wie sie zuvor nur Torpedobootzerstörer erreicht hatten ...

Es freue ihn, daß dieses Fahrzeug die neueste, zusätzliche Reserve der Flotte Seiner Majestät darstelle. Es könne mit wenigen und geringfügigen Änderungen zu dem schnellsten und stärksten Hilfskreuzer der Welt umgebaut werden. Er sei sicher, daß keiner der Anwesenden sich damit zufrieden geben würde, daß in Bezug auf Leistungsfähigkeit und Schnelligkeit von Atlantikdampfern Deutschland den Rekord halten solle. Britannien sei die Herrin der Meere; zu allen Zeiten habe Britannien im Schiffbau die führende Stellung eingenommen, und es gäbe nicht einen Briten, der nicht stolz darauf sein dürfe, daß dieser Stapellauf Großbritannien wieder einmal in die vorderste Reihe des Schiffbaus der Welt stelle!«

Lauter Beifall begrüßte diese Ausführungen.

Mr. William Watson, der Vorstand der Cunard Line, führte in seiner Tischrede aus, daß die Cunard Line tatsächlich ein Schiff in Dienst stelle, das als der bei weitem schnellste Hilfskreuzer eingesetzt werden könne. Es sei nicht fair, zu erwarten, daß irgendeine Firma so etwas umsonst täte, und daher werde auch die Cunard Line für das bezahlt, was sie zur Verfügung stelle. Man habe das Subventionierung genannt. In Wahrheit sei es die Bezahlung für geleistete Dienste und nichts anderes.

Drei Monate später, am 20. September 1906, lief das Schwesterschiff, die »Mauretania«, am Tyne vom Stapel. Wieder herrschte schönes Wetter, wieder machten sich große Menschenmengen auf den Weg zur Werft. Der Fluß wimmelte von Fahrzeugen aller Art. Die Taufe wurde von der Duchess of Roxburghe, der Schwägerin Lord Tweedmouth', des ersten Lords der Admiralität, vorgenommen. Vor dem Stapellauf ging Lord Tweedmouth in Begleitung eines Direktors der Werft um das ganze Schiff herum und bekam – um eine zeitgenössische Zeitung zu zitieren – »all die Mechanismen des Stapellaufs und die tausendundein Dinge zu sehen, die vorauszubedenken und für oder gegen alles mögliche bereitzuhalten waren. Während er sich seinen Weg inmitten großer Baumstämme suchte, die den Rumpf abstützten, und indem er über mächtige Keile und riesige Kabelhaufen klettern mußte, sah Lord Tweedmouth alle Vorbereitungen für den Stapellauf. Gruppen von Arbeitern schlugen die großen Stützbalken einen nach dem anderen mit mächtigen Rammböcken beiseite, und der Klang der Shanties, mit denen sie ihre Arbeit begleiteten, mischte sich mit dem unaufhörlichen Hämmern, das unter dem Kiel des Schiffes zwischen den beiden Ablaufbahnen ertönte, wo hunderte von Zimmerleuten beim Licht von Fackeln arbeiteten. Rings um das Schiff standen Sanitäter in Bereitschaft. Hin und wieder fiel einer der großen Stützbalken in eine unerwartete Richtung und jagte die Arbeiter auseinander, die ihn losgehauen hatten. Um 16.15 Uhr meldete ein Telefonanruf vom Werftvormann den Gästen auf der Stapellaufplattform, daß alles bereit sei. Ein scharfer Glockenton – die Duchess of Roxburghe drückte auf den Knopf, der die letzten Verbindungen löste, die die »Mauretania« noch hielten – und das große Schiff begann ins Wasser zu gleiten.«

Während die Arbeit an den Schiffen zügig voranschritt, erörterte das Direktorium der Cunard Line mit der Hafenbehörde von Liverpool die notwendigen Maßnahmen für die Abfertigung. Die Mehrzahl der in Liverpool aus- und eingehenden Passagierschiffe machte am Princes Landing Stage, der Prinzenbrücke, fest. Der Mersey hatte hier jedoch nicht genug Wasser, um den neuen Schiffen mit ihrem Tiefgang von max. 11,5 m das Anlegen zu ermöglichen. Mehr als 200 000 t Felsen, Lehm und Sand mußten abgebaggert und das »Canada Graving Dock«

umgebaut werden, um die beiden Superliner aufnehmen zu können. Unterdessen ging der Einbau der Maschinen, die Ausrüstung und der Innenausbau mit großer Schnelligkeit voran. Die »Lusitania« wurde als erste fertig und verließ am 27. Juli 1907 ihre Bauwerft in Clydebank, um ihre Probefahrten zu absolvieren, denen sich eine Gäste-Kreuzfahrt rund um Irland anschloß. Unter den Gästen befand sich auch C. A. Parsons. Es muß für ihn eine große Erleichterung gewesen sein, als das Schiff auf der Meilenfahrt bei Skelmorlie die Geschwindigkeit von 25,6 Knoten erzielte – »und auf diese Weise erkennen ließ, daß es ihr gelingen würde, den vertraglich vereinbarten Durchschnitt von 24,5 Knoten durchzuhalten«, urteilte ein Korrespondent der »Times«.

Unter Kapitän J. B. Watt, dem Kommodore der Cunard-Flotte, und mit A. Duncan als Chefingenieur trat die »Lusitania« am Morgen des 7. September 1907 ihre Jungfernreise an, – für Liverpool ein Feiertag. Über 200 000 Menschen sollen die Ufer gesäumt haben, um die Ankunft des Sonderzuges aus London und die Einschiffung der Passagiere mit anzusehen. Unter den Hochrufen der Menge verholte die »Lusitania« schließlich in die Mitte des Flusses, ehe sie nach See hinausfuhr. Nach dem Verlassen Liverpools ging das Schiff durch die Irische See nach Queenstown, um noch weitere Passagiere und Post an Bord zu nehmen, und nahm dann Kurs auf den Nordatlantik. Sie passierte Daunt's Rock bei Queenstown am 8. September und traf am 13. September vor Sandy Hook ein, nachdem sie die Distanz von 2782 Seemeilen in fünf Tagen und 54 Minuten mit einer Durchschnittsgeschwindigkeit von 23,01 Knoten hinter sich gebracht hatte. Zur großen Enttäuschung der britischen Öffentlichkeit war es ihr nicht gelungen, den Rekord der »Deutschland« zu brechen. Ihr bestes Etmal von 593 Meilen übertraf das der »Kaiser Wilhelm II« um 11 Meilen, blieb jedoch um 8 Meilen hinter dem Rekord-Etmal von 601 Meilen zurück, das die »Deutschland« gelaufen hatte.

In Anbetracht des herrschenden Wetters hatte die »Lusitania« ihre Sache gut gemacht. An drei von fünf Seetagen hatte Nebel geherrscht, weshalb Kapitän Watt zeitweilig die Geschwindigkeit herabsetzte. In einem Kommentar zur Leistung der »Lusitania« schrieb der »Marine Engineer«: »Es wäre nicht richtig, ihre Durchschnittsgeschwindigkeit auf ihrer Jungfernreise mit dem 23,15 Knoten Rekord der »Deutschland« zu vergleichen. Es wäre richtiger, sie im Verhältnis zur kürzlich in Dienst gestellten »Kronprinzessin Cecilie« des Norddeutschen Lloyd zu sehen, die auf ihrer Jungfernreise im August 1907 nur einen Durchschnitt von 21,81 Knoten erreichte und demnach von der »Lusitania« um 1,25 Knoten geschlagen wurde«. Das Blatt fuhr fort: »Für alle Klassen bietet die »Lusitania« das Äußerste an Luxus und Bequemlichkeit. Sie ist ein schwimmendes Hotel, das an Komfort alles übertrifft, was, ausgenommen ein oder zwei Luxuspaläste in wohlhabenden Städten, nur irgend geboten werden kann«. Der »Marine Engineer« schloß seinen Bericht: » – denn die ›Lusitania‹ ist nach britischen Plänen in England gebaut. Sie ist britisches Eigentum und von unseren Landsleuten bemannt. Mit großem Bedauern haben wir mit ansehen müssen, daß die Siegespalme für überlegene Geschwindigkeit, die lange Zeit fest in britischer Hand war, auf Schiffe unter ausländischer Flagge übergegangen ist. Doch das wird sich jetzt ändern. Die ›Lusitania‹ hat den Rekord für Jungfernreisen geschlagen; sie hat das jüngste deutsche Schiff, die ›Kronprinzessin Cecilie‹ um mehr als einen Knoten übertroffen. Mehr war nicht von ihr verlangt worden. Es wäre töricht gewesen, sie zu hetzen, ehe ihre Maschinen eingelaufen sind und ehe die Besatzung sich mit dem Schiff und der Maschinenanlage voll vertraut gemacht hat. Wir dürfen sicher sein, daß die ›Lusitania‹, wenn sie sich eingelaufen hat, und die Gelegenheit sich bietet, alle Erwartungen mehr als erfüllen wird, und daß sie für ihre Eigentümer ebenso gewinnbringend sein wird, wie sie den Ruf des Könnens derer beweist, die sie gebaut haben.«

Eher als die Experten und die Öffentlichkeit zu hoffen gewagt hatten, war es soweit. Auf ihrer zweiten Reise von Liverpool nach New York gewann sie das Blaue Band für England zurück. Am Sonnabend, dem 5. Oktober von Mersey ausgelaufen, bewältigte sie die Küstenstrecke nach Queenstown in zehn Stunden mit einer Durchschnittsgeschwindigkeit von 24 Knoten. Sonntag, den 6. Oktober, lief sie nach ihrem Auslaufen aus Queenstown um 10.25 Uhr bis Mittag 41 Seemeilen. Bis zum folgenden Mittag betrug ihr Etmal 590 Seemeilen; dann bis Dienstagmittag 608 Seemeilen, womit sie einen neuen Rekord für ein Tagesetmal aufstellte. Sie verbesserte diesen noch, als sie bis zum nächsten Mittag 617 Seemeilen mit einer Durchschnittsgeschwindigkeit von 24,76 Knoten lief. Bis Donnerstagmittag machte sie 600 Seemeilen. Am Freitagmorgen um 1.15 Uhr stand sie bei Sandy Hook und hatte seit Donnerstagmittag weitere 324 Seemeilen gelaufen. Die Gesamtdistanz von 2780 Seemeilen zwischen Daunt's Rock und New York hatte sie in der Rekordzeit von vier Tagen, 19 Stunden und 52 Minuten mit einer Durchschnittsgeschwindigkeit von 23,99 Knoten bewältigt. Mit dieser Leistung hatte die »Lusitania« das Blaue Band für sich gewonnen und für England zurückerobert.

Der »Times«-Korrespondent kabelte am 11. Oktober aus New York: »Alle sind begeistert über die glänzende Reise der »Lusitania«, und Gustav Schwab vom Norddeutschen Lloyd hat der Cunard Line das Blaue Band übergeben. Die Deutschen erkennen an, daß sie das bessere Schiff ist. Vier deutsche Ingenieure haben an Bord der »Lusitania« Notizen gemacht und fotografiert. Diese Tatsache erwähnte der Vorstandsvorsitzende bei einem Treffen an Bord und fuhr fort: »Ich glaube, unsere Ingenieure dürfen mit Recht stolz darauf sein, daß unsere Konkurrenten in Schiffbau und Schiffahrt von interessanten Details Notizen und Fotos machen«. Ein Reuter-Korrespondent hatte telegrafisch berichtet, wie 3000 Passagiere sich an der Reling drängten, als die »Lusitania« Nantucket Feuerschiff passierte:

»Es herrschte größte Begeisterung über die Rekordreise. Mehrere bekannte Amerikaner beglückwünschten England zum Wiedergewinn seiner Überlegenheit auf den Meeren«.

In einer weiteren Meldung berichtete ein Reuter-Korrespondent, daß das große Schiff bis 7.12 Uhr bei Sandy Hook vor Anker gelegen habe, sodann die Barre passierte und danach vorsichtig den neuen und noch unvollendeten Kanal hinaufgelotst worden sei. Unter dem ohrenbetäubenden Lärm der Dampfpfeifen aller in der Nachbarschaft liegenden Schiffe ging die »Lusitania« vor der Quarantänestation abermals vor Anker. Die ärztliche Überprüfung dauerte eine Stunde. Dann bewegte sich die »Lusitania« langsam und majestätisch hafenaufwärts, während sie mit lauten Stößen ihrer Dampfpfeife das Begrüßungsgetöse der anderen Schiffe erwiderte. Gustav Schwab, der Generalvertreter des Norddeutschen Lloyd in New York, sagte in einem Interview mit Zeitungsreportern: »Die ›Lusitania‹ ist zweifellos ein wundervolles Schiff und sie hat einen glänzenden Rekord aufgestellt. Ich gehe noch heute, um Mr. Brown von der Cunard Line zu gratulieren, und – bildlich gesprochen – ihm das Blaue Band des Atlantik zu überreichen, das ja der Norddeutsche Lloyd für einige Jahre in Besitz hatte. Natürlich trennt sich der Norddeutsche Lloyd nur mit Bedauern von diesem Band, welches das Symbol der Geschwindigkeit und Überlegenheit auf See ist. Aber während wir es aus der Hand geben, haben wir den Trost zu wissen, daß nur ein Schiff in der Welt schneller ist als »Kaiser Wilhelm II«. Es ist besser, einen Rekord gehalten und ihn dann wieder verloren, als überhaupt nie einen gehabt zu haben. Die ›Lusitania‹ hat einen Rekord errungen, auf den jedermann stolz sein sollte, und wir vor allen anderen, da das Schiff, um diesen Rekord zu gewinnen, zuvor eines unserer Schiffe schlagen mußte«.

Nirgends war die Indienststellung der »Lusitania« und ihre Rekordreise mit größerem Interesse und größerer Genauigkeit verfolgt worden, als am Tyne, wo ihr Schwesterschiff »Mauretania« auf der Werft von Swan, Hunter & Wigham Richardson ihrer Vollendung entgegenging. In ihren Abmessungen und dem Haupteinrichtungsplan waren die beiden Schiffe identisch. Größere Unterschiede gab es bei den Maschinenanlagen. Die Turbinen der »Mauretania« hatten mehr Schaufeln als die der »Lusitania«, die andererseits Propeller von größerem Durchmesser als das Schwesterschiff hatte. Auf der »Mauretania« gab es nur zwei Hauptkondensatoren gegenüber vieren auf der »Lusitania«. Die 25 Kessel der »Mauretania« hatten bei mehr Heizfläche und größerer Ausdehnung der Roste einen etwas geringeren Durchmesser als die der »Lusitania«.

Alle diese Abweichungen würden, so hoffte man, die Leistung der »Mauretania« verbessern und vor allem die lästige Vibration beseitigen. Dieses Problem beschäftigte nach wie vor Schiff- und Maschinenbauer in aller Welt. Ob der »Mauretania« gelingen würde, was andere nicht geschafft hatten, blieb abzuwarten.

Im September 1907 wurde das Schiff zu ausgedehnten Erprobungen in See geschickt. Über das Ergebnis dieser fünftägigen Probefahrt wurde nie etwas veröffentlicht. Es wird jedoch erzählt, daß eines Tages, als das Schiff zur Freude der Männer in den Maschinenräumen mit allem was es »drin« hatte lief, der überraschende Befehl von der Brücke herabgeklingelt wurde, sofort die Geschwindigkeit herabzusetzen. Als später die enttäuschten Ingenieure diskret nachfragten, warum der »Alte« diesen Befehl gegeben habe, war die Antwort kurz und präzise: »Weil ich beinahe von der Brücke heruntergeschüttelt wurde«. Nach Behebung einiger auf der Probefahrt festgestellter Mängel verließ die »Mauretania« am 22. Oktober 1907 die Werft und ging nach Liverpool, wo letzte Vorbereitungen für ihre offiziellen Geschwindigkeitserprobungen getroffen wurden, die dann am 5. November begannen. Die 1216 Seemeilen lange Probestrecke durchfuhr sie in 46 Stunden und 44 Minuten mit einer Durchschnittsgeschwindigkeit von 26,04 Knoten! Die

»Lusitania« würde in ihrem Schwesterschiff eine tüchtige Konkurrentin haben.

Der 16. November 1907 war ein kalter, nasser Tag, was aber eine Menge von 50 000 Menschen nicht davon abhielt, sich in Liverpool am Hafen zu versammeln, um das Schiff zur Jungfernreise zu verabschieden. Der Sonderzug von London traf mit 50 Minuten Verspätung ein, und erst um 19.30 Uhr legte die »Mauretania« unter Kapitän Pritchard und Chef-Ingenieur Currie ab. In der Dunkelheit des Novemberabends bot das von Bug bis Heck illuminierte Schiff einen begeisternden und unvergeßlichen Anblick, der die Zuschauer an den Ufern des Mersey für die lange Wartezeit reichlich entschädigte. Unter den Passagieren der »Mauretania« befand sich eine große Anzahl von technischen Beobachtern, Reedern, Vertretern der Admiralität, Zeitungsleuten und jene unvermeidliche Gruppe von Jungfernreise-Passagieren, die schon Monate vorher gebucht hatten. Außerdem hatte das Schiff in einem besonders versiegelten Raum Goldbarren im Werte von 2 750 000 Pfund an Bord, die von der Bank von England für das US-Schatzamt bestimmt waren.

Von Anfang an stand alles unter günstigen Vorzeichen. Die Passage von Liverpool nach Queenstown wurde in befriedigender Zeit bei ruhiger See erledigt. Die »Mauretania« lief am Sonntag um 11.00 Uhr von Queenstown zu ihrem Debüt auf dem Nordatlantik aus, der im Gegensatz zur Irischen See den Neuankömmling höchst unfreundlich begrüßte. Bis Montagmittag durchlief die »Mauretania« trotz ständiger Wetterverschlechterung 571 Seemeilen mit einem Durchschnitt von 23,75 Knoten. Dann jedoch hatte das Schiff gegen einen ausgewachsenen Weststurm anzudampfen, bei dem schwere Seen über das Vorschiff hereinbrachen und den Reserveanker auf dem Vordeck aus der Halterung rissen. Kapitän Pritchard blieb keine andere Wahl, als beizudrehen und die Geschwindigkeit auf etwa 3 Knoten herabzusetzen, um seinen Offizieren und Decksleuten die Möglichkeit zu geben, den Anker einzufangen und ihn fachgerecht festzuzurren. Damit ging kostbare Zeit verloren, und am Dienstagmittag hatte das Schiff nur 464 Seemeilen auf dem Log. Die Chance für eine Rekordreise schien in weite Ferne gerückt. Aber nachdem er der »Mauretania« seine schlechteste Seite gezeigt hatte, beruhigte sich der Atlantik. Trotz schweren Rollens in der Dünung betrug die gelaufene Distanz am Mittwochmittag 563 Seemeilen. Noch besser war der nächste Abschnitt: 624 Seemeilen bis Donnerstagmittag – 6 Meilen mehr als die »Lusitania« je an einem Tag erreicht hatte. Wie auch immer das Endergebnis dieser Reise werden mochte, die »Mauretania« hatte einen neuen Tagesrekord aufgestellt. Frohgestimmte Passagiere stellten sich auf eine Ankunft in New York am Freitagmorgen ein, besonders, nachdem das Schiff um 11.13 Uhr bei Sandy Hook stand. Doch nochmals entschied sich das Wetter anders. Eine Nebeldecke hüllte plötzlich das Schiff ein. Kapitän Pritchard, der auf dieser viel befahrenen Schiffahrtsstraße kein Risiko eingehen wollte, legte es daraufhin kurzerhand zu Anker. Die Passagiere, die ohnehin keine sehr gemütliche Reise genossen hatten, waren wenig erfreut. Eine Anzahl amerikanischer Geschäftsleute erörterte den Plan, eine Deputation auf die Brücke zu schicken, die darauf bestehen sollte, daß Kapitän Pritchard die Reise fortsetzte. Zu ihrem Glück – denn sie würden mit Sicherheit sehr kurz abgefertigt worden sein – hob sich der Nebel so plötzlich wie er gekommen war, und die »Mauretania« ging um 18.15 Uhr an ihrer Pier in New York längsseit. Ihr Durchschnitt für diese Reise war 22,21 Knoten. Sie lag damit ein gutes Stück hinter dem Rekord der »Lusitania«. Die Rückreise begann am Sonnabend, dem 30. November. Abermals wurde das Schiff von schlechtem Wetter verfolgt. Am Sonntag kam Nebel auf, der 30 Stunden anhielt. Es war eine sorgenvolle und ermüdende Zeit für Kapitän Pritchard und seine Offiziere. Sobald sich die Sicht besserte, wurde die Geschwindigkeit erhöht, und sofort reduziert, wenn der Nebel wieder dichter wurde. Unter diesen Umständen waren Etmale von 490 Meilen zum Sonntagmittag und 548 Meilen zum Montagmittag als gut zu bezeichnen. Dem Nebel folgte ein Weststurm mit schweren Seen. Am Dienstag wechselte die »Mauretania« zum ersten Male Funksprüche mit der nach New York unterwegs befindlichen »Lusitania«. Für Kapitän Pritchard waren sie insofern tröstlich, als Kapitän Watt mit der »Lusitania« ebenfalls eine schwierige Reise hatte und seinen Zeitplan nicht einhalten konnte. Am letzten Tage der Reise überholte die »Mauretania« den 23 000-Tonner »Baltic« der White Star Line, der New York zwei Tage vor dem schnellen Cunarder verlassen hatte. Obwohl die »Baltic« nur 16,5 Knoten lief, hatte man nicht erwartet, daß die »Mauretania« sie vor Queenstown einholen würde. Es bedeutete einen kleinen Trost für die Passagiere, daß die »Baltic«, die einen guten Ruf für Standfestigkeit besaß, mit diesem Wetter offensichtlich auch ihre Schwierigkeiten hatte. Die Reise von Sandy Hook nach Queenstown war in nur vier Tagen, 22 Stunden und 29 Minuten mit einer Durchschnittsgeschwindigkeit von 23,69 Knoten erledigt worden, womit die »Mauretania« den West-Ost-Rekord der »Lusitania« um 24 Minuten unterboten hatte. Nirgends war die Freude größer als am Tyne, wo die »Mauretania« gebaut worden war.

Die Jungfernreisen beider Schiffe brachten noch ein weiteres Ergebnis, das im Vorstand der Cunard Line eine erhebliche Erleichterung hervorrief. Das war die Tatsache, daß beide Schiffe weniger Kohle verbrauchten als die geschätzten 1000 t pro Tag, ein Faktor, der sich auf die Gewinn- und Verlustrechnung erheblich auswirkte und zugleich eine willkommene Erleichterung für die 324 Heizer und Trimmer bildete, die die hungrigen Feuer zu füttern hatten.

Von jetzt ab wurde der Kampf um die Vorherrschaft zwischen »Lusitania« und der »Mauretania« ausgetragen. Der Vorstand der Cunard Line mochte zwar Wettfahrten leugnen und bedauern, – er wird sich aber doch sehr darüber gefreut haben, daß beide Schiffe alle Erwartungen erfüllten, und daß sie die deutschen Schnelldampfer »auf den gebührenden Platz verwiesen« hatten. Das breite Publikum hielt mit seiner Meinung in diesem Punkte denn auch nicht zurück. Der Stolz auf die »Lucy« und »Maury«, wie die Schiffe zärtlich-liebevoll genannt wurden, kannte keine Grenzen. Ihre Reisen waren eine Quelle ständigen Interesses und Gegenstand endloser Streitgespräche. Am Tyne stand man wie ein Mann hinter der »Mauretania«, am Clyde hinter der »Lusitania«, und am Mersey hing die Parteinahme weitgehend davon ab, auf welchem der beiden Schiffe Freunde oder Verwandte dienten. In den ersten Jahren gab es keine großen Unterschiede in den Leistungen der beiden Dampfer, wie die folgenden Zahlen beweisen:

Queenstown (Daunt's Rock) nach New York (Sandy Hook)

Jahr	Name	Tage	Stunden	Min.	Durchschnitts-geschwindigkeit
1907	»Lusitania«	4	19	52	23,99 Kn
1907	»Lusitania«	4	18	40	24,25 Kn
1908	»Lusitania«	4	15	0	25,05 Kn
1909	»Lusitania«	4	11	42	25,85 Kn
1909	»Mauretania«	4	10	51	26,06 Kn

New York (Sandy Hook) nach Queenstown (Daunt's Rock)

Jahr	Name	Tage	Stunden	Min.	Durchschnitts-geschwindigkeit
1907	»Lusitania«	4	22	53	23,61 Kn
1907	»Mauretania«	4	22	29	23,69 Kn
1908	»Lusitania«	5	0	37	24,32 Kn
1909	»Mauretania«	4	20	27	25,20 Kn
1909	»Mauretania«	4	17	20	25,89 Kn
1909	»Mauretania«	4	13	41	25,61 Kn

Beide Schiffe hatten Schwierigkeiten mit ihren Schrauben. Die »Mauretania« verlor auf einer Reise nach New York im Mai 1908 einen Propeller, vermutlich durch Kollision mit einem treibenden Gegenstand. Sie mußte für den Rest des Jahres mit drei Schrauben auskommen, während ein neuer Satz entworfen und gegossen wurde. Am 24. Januar 1909 machte die »Mauretania« die erste Reise mit ihren neuen Schrauben, die sich von den bisherigen dadurch unterschieden, daß sie vier statt drei Flügel hatten. Diese neuen Schrauben steigerten die Geschwindigkeit erheblich. Die »Mauretania« beendete ihre Westreise mit einem Durchschnitt von 23,71 Knoten. Auf der Heimreise stellte sie mit vier Tagen, 20 Stunden und 27 Minuten bei 25,20 Knoten Durchschnittsgeschwindigkeit einen neuen Rekord auf. Die vierzehn Rundreisen, die sie 1909 absolvierte, machte sie sämtlich in weniger als fünf Tagen.

Seither hatte die »Mauretania« immer ein wenig die Überhand über die »Lusitania«. Wenn diese eine schnellere Reise gemacht hatte, übertraf die »Mauretania« sie, und sei es auch nur um Minuten. In den sieben Jahren, die die beiden Schiffe vor dem Ersten Weltkrieg zusammenarbeiteten, waren sie Gegenstand der Bewunderung der Welt. Nicht allein wegen ihrer Schnelligkeit, sondern auch wegen ihrer Betriebssicherheit und der Regelmäßigkeit, mit der sie ihren Dienst versahen. Zum Beispiel war die »Mauretania« von Januar 1909 bis Ende November 1911 ununterbrochen in Fahrt. Während eines Zeitraumes von praktisch drei Jahren wurde sie nicht ein einziges Mal wegen größerer Reparaturen oder Überholungen aus der Fahrt gezogen. Kleine Reparaturen wurden während der kurzen Aufenthalte in New York oder in Liverpool erledigt. In diesen drei Jahren machte sie 44 Rundreisen und lief dabei annähernd 264 000 Seemeilen. Auf 70 dieser Reisen lief sie einen Durchschnitt von über 25 Knoten, auf 46 dieser 70 Reisen sogar von 25,5 Knoten. Zweimal – im September 1909 und im September 1910 – betrug ihr Durchschnitt 26,06 Knoten. Auf

15 Reisen lag ihr Durchschnitt bei 24 Knoten, und nur auf drei Reisen blieb sie unter 24 Knoten, nämlich im Januar 1909 und im Februar und Dezember 1910, also in nicht gerade idealen Monaten.

Der Nordatlantik benahm sich gegenüber den größten Passagierdampfern der Welt nicht immer respektvoll. So berichteten die Zeitungen am 17. Januar 1910 über das Eintreffen einer müden, sturmzerzausten »Lusitania« im Hafen von New York.

»Montagnacht«, lautete der Bericht, »brach eine gewaltige See über das Schiff herein, begrub die Boote und das 24 m über der Wasserlinie befindliche Ruderhaus, und fegte über die ganze Länge des Schiffes hin. Das Ruderhaus wurde demoliert, das schwere Plattenglas der Fenster ging zu Bruch, die Stahlplatten der Frontseite wurden eingedrückt und das Ruderrad fortgerissen. Das Licht erlosch. Die Männer im Ruderhaus wurden vom Wasser in alle Richtungen geschleudert, wobei sie Beulen und Schnittwunden davontrugen. Die Offizierskammern wurden unter Wasser gesetzt und mehrere Boote zerschlagen. Das Schiff drehte bei und es dauerte 40 Minuten, ehe der Schaden soweit behoben war, daß die Reise fortgesetzt werden konnte.

Im August 1909 trat ein neuer Fahrplan in Kraft, nach dem die Passagierschiffe von New York in Fishguard, Wales, anlegen sollten, damit die Passagiere nach London und dem Kontinent zur Abkürzung der Reise schon dort an Land gehen konnten. Die »Mauretania« eröffnete diesen Dienst mit der Ausreise von New York am 25. August. Diese Überfahrt wurde zu einem großen Triumph für das Schiff. Der frühere Rekordhalter »Kaiser Wilhelm der Große« war genau 24 Stunden vor der »Mauretania« nach Plymouth ausgelaufen. Die »Mauretania« traf am Nachmittag des 30. August im Hafen von Fishguard ein. Sie hatte eine Rekordreise von Sandy Hook nach Daunt's Rock in vier Tagen, 14 Stunden und 27 Minuten mit 25,41 Knoten gemacht. »Kaiser Wilhelm der Große« war am Morgen desselben Tages in Plymouth eingetroffen und hatte 22 Passagiere, 1222 Postsäcke und 257 026 Golddollars ausgeschifft. Die Passagiere fuhren per Sonderzug nach London, wo sie um 12.15 Uhr in Paddington Station einrollten.

Die »Mauretania« ankerte um 13.20 Uhr in Fischguard, von einer großen Menschenmenge und einem inoffiziellen Kanonensalut der Küstenwachstation begrüßt. Drei Tender erwarteten das Schiff. Um 14.00 Uhr waren die Tender mit 240 Passagieren und der Post unterwegs zum Landepier. Die Zollformalitäten wurden rasch erledigt, und um 14.52 Uhr lief der Sonderzug nach London, wo er um 19.28 Uhr in Paddington eintraf. Die Passagiere der »Kaiser Wilhelm der Große« waren zur Lunchzeit in London eingetroffen, die der »Mauretania«, die New York einen Tag später verlassen hatten, kamen rechtzeitig zum Dinner an.

Die »Mauretania« machte erneut Schlagzeilen, als sie im Dezember 1910 eine Weihnachts-Rundreise von Liverpool nach New York und zurück in zwölf Tagen erledigte, was man angesichts der winterlichen Wetterverhältnisse auf dem Atlantik für undurchführbar gehalten hatte. Unter Kapitän Turner lief die »Mauretania« am 12. Dezember aus Liverpool aus. Sie hatte 1280 Passagiere an Bord. Für Kapitän Turner und seine Besatzung wurde es eine Angstpartie. Der Nordatlantik tat alles, um sie an einer pünktlichen Abwicklung der Reise zu hindern. W. R. Holt, Korrespondent der »Daily Mail«, faßte es bündig zusammen, als er telegrafierte: »Die Reise war ereignisreich und stürmisch. Die Wassertemperatur war während einer ganzen Nacht am Gefrierpunkt, stieg aber beim Eintritt in den Golfstrom am nächsten Morgen sprunghaft an. Wir liefen an einem Tage durch sechs Schneestürme. Viele Damen hielten es für richtiger, den größeren Teil der Reise über ihre Kabinen nicht zu verlassen ...« Trotzdem dampfte die »Mauretania« in den frühen Morgenstunden des 15. Dezember in dem New Yorker Hafen ein, ein »Weihnachtsschiff« im wahrsten Sinne des Wortes, da sie vom Bug bis zum Heck mit Reif bedeckt war und ihre Takelage eine schwere Last von Eiszapfen trug, die im Dezembersonnenschein schimmerten und funkelten. Die New Yorker Schauerleute, die Postbeamten, die Cunard-Angestellten und nicht zuletzt Offiziere und Besatzung des Schiffes arbeiteten mit der Zeit um die Wette, – und sie schafften es. Am 17. Dezember um 18.00 Uhr lief Kapitän Turner mit der beruhigenden Voraussage besseren Wetters im Mittelatlantik aus. Die New Yorker machten aus der Abfahrt des Schiffes eine Galavorstellung. In seinem telegrafischen Bericht schrieb der Reporter des »Daily Telegraph«: »Schlag 6.00 Uhr warf Inspektor Roberts vom unteren äußeren Ende der Pier einen weißen elektrischen Lichtkegel auf uns. Ein Mann auf dem Dach der Landepier benützte ein zweites Licht. Das bedeutete: »Alles klar«. Kapitän Turner bediente den Maschinentelegrafen, und die Maschinen zogen den Liner über das Heck langsam ins Fahrwasser. Im North River, wohin sie von einer Flottille von Schleppern begleitet worden war, drehte die »Mauretania«. Licht umflutete das Schiff, das nun dalag, als sammle es Kräfte für den Lauf hinüber ins heimatliche England. Dann begannen mit einer sanften Erschütterung die mächtigen Maschinen zu drehen, und die »Mauretania« begann ihren langen Weg über den Ozean. Es war die geräuschvollste Verabschiedung, die wir hier je erlebt haben. Tausende von Menschen an Land grüßten das Weihnachtsschiff. Den ganzen Weg hinab durch die Bucht von New York grüßten Schiffe aller Nationen mit Nebelhörnern und Dampfsirenen, als das auslaufende Schiff nun höhere Fahrt aufnahm.«

Diesmal begleitete gutes Wetter die »Mauretania«. Sie machte ihre Reise von Sandy Hook nach Daunt's Rock in vier Tagen, 15 Stunden und 57 Minuten mit einem Durchschnitt von 25,07 Knoten. Nachdem die Weihnachtspassagiere und die Post in Queenstown abgesetzt worden waren, lief sie nach Fishguard, wo sie am 22. Dezember um Mitternacht eintraf und abermals 600 Passagiere an Land setzte, die mit Sonderzügen nach London gebracht wurden. So war diese Reise noch rechtzeitig vor Weihnachten beendet worden. Wieder einmal hatte die »Mauretania« fertiggebracht, was von ihr verlangt worden war.

Im Juli 1911 machte die »Mauretania« eine Sonder-Rundreise von New York mit amerikanischen Passagieren, die an den Feierlichkeiten anläßlich der Krönung von König Georg V. am 22. Juni teilnehmen wollten. Für den folgenden Dezember war eine zweite Weihnachts-Rundreise geplant. Während eines starken Südsturms am 7. Dezember riß sich das Schiff jedoch von ihrer Boje im Mersey los und lief auf Grund. Die Beschädigungen, die sie dabei erlitt, erforderten die Ausbesserung im Trockendock. Die »Lusitania« sprang in die Bresche. Sie kam am 6. Dezember von New York in Liverpool an und lief nach weniger als 48 Stunden Aufenthalt wieder aus, wodurch es möglich wurde, den Fahrplan ihres Schwesterschiffes einzuhalten.

Das Jahr 1911 war ein außerordentliches Jahr für die »Lusitania« gewesen. Als sie am 6. Dezember auf dem Mersey eintraf, hatte sie in zwölf Monaten nicht weniger als 16 Rundreisen zwischen Liverpool und New York erledigt, war dabei über 100 000 Meilen gedampft und hatte 160 000 t Kohle verfeuert. Ihre Durchschnittsgeschwindigkeit in diesem Jahr war 24,67 Knoten auf der Ausreise und 24,66 Knoten für die Heimreise. Ihre besten Etmale waren 654 Seemeilen westwärts und 608 Seemeilen nach Osten. Ihre schnellste Reise von Daunt's Rock nach Sandy Hook dauerte vier Tage, 13 Stunden und 35 Minuten bei einer Durchschnittsgeschwindigkeit von 25,37 Knoten. Um das Bild abzurunden: die »Lusitania« hatte 1911 über 40 000 Passagiere – einen Durchschnitt von 2500 für jede Überfahrt –, 27 294 Sack Post und Bargeld im Werte von 6 820 000 Dollar befördert.

Der Untergang der »Titanic« auf ihrer Jungfernreise im

April 1912 führte vorübergehend zu einer Aversion eines Teils des Publikums gegen große und schnelle Fahrgastschiffe. Nachdem das Handelsministerium neue Vorschriften für die Sicherheit auf See herausgegeben hatte, wurden die »Lusitania« und »Mauretania« entsprechend umgebaut, besonders die Zahl der Rettungsboote wurde beträchtlich vergrößert. Bis zum Ausbruch des Ersten Weltkrieges fuhren beide Schiffe im regelmäßigen Dienst zwischen Liverpool und New York. Das Anlaufen von Queenstown war 1913 aufgegeben worden.

Am 1. August 1914 war die »Mauretania« von Liverpool nach New York in See gegangen, bis zum letzten Platz besetzt. Hunderte von Amerikanern fuhren von Westeuropa nach Hause, nachdem die internationale Spannung offensichtlich zum Ausbruch drängte. Gegen Ende der Reise erhielt Kapitän Charles drahtlos die Order, Kurs zu ändern und mit Höchstfahrt nach Halifax zu gehen. Das war unmißverständlich. Großbritannien und Deutschland war miteinander im Krieg.

Am 5. August trat die »Lusitania« unter Kapitän Dow die Heimreise nach Liverpool an, die nicht ohne Zwischenfall vor sich gehen sollte. Wenige Stunden nach Auslaufen sichteten die Offiziere der Wache an der Kimm ein deutsches Kriegsschiff, das den Kurs änderte, als ob es das große Fahrgastschiff abfangen wollte. Kapitän Dow ließ die »Lusitania« in eine Nebelbank laufen, in deren Schutz er dem Kriegsschiff zu entkommen hoffte. Das Manöver gelang. Sobald sein Schiff vom Nebel eingehüllt war, änderte er den Kurs und lief mit Höchstfahrt nach Norden. Erst nach Dunkelwerden nahm er wieder Heimatkurs auf und lief abgeblendet weiter, bis er schließlich in den sicheren Gewässern des Mersey anlangte.

Nach dem 1903 mit der Admiralität abgeschlossenen Vertrag sollten »Lusitania« und »Mauretania« im Kriegsfall als Hilfskreuzer eingesetzt werden. Die Regierung unternahm jedoch nichts in dieser Beziehung. Eine Erklärung dafür war das Schicksal des früheren deutschen Rekordbrechers »Kaiser Wilhelm der Große«, der als Hilfskreuzer am 26. August 1914 beim Kohlen vor Rio del Oro an der Westküste Afrikas von dem britischen Kreuzer »Highflyer« überrascht und versenkt worden war. In ihren Plänen für den Einsatz schneller Handelsschiffe als Kreuzer hatten sowohl die britische wie auch die deutsche Admiralität einen lebenswichtigen Faktor übersehen – das Problem der Kohlenübernahme in abgelegenen Häfen oder auf See. Die Versenkung der »Kaiser Wilhelm der Große« bei gerade dieser Tätigkeit hatte gezeigt, was sich ereignen konnte. Es war durchaus möglich, daß ein Einsatz der »Lusitania« und »Mauretania« als Hilfskreuzer sich mehr als Handicap, denn als eine Unterstützung erweisen konnte. Was also tun mit den beiden Schiffen? Während die Admiralität darüber Überlegungen anstellte, fuhren »Mauretania« und »Lusitania« weiter im Atlantikdienst. Die »Mauretania« wurde nach drei weiteren Rundreisen zwischen Liverpool und Halifax Ende Oktober 1914 von der Admiralität übernommen, die das luxuriöse Mobiliar entfernte und das Schiff danach untätig im Hafen liegen ließ. Was die »Lusitania« betraf, so hatte man sich entschlossen, sie vorerst weiterhin im Passagierdienst fahren zu lassen.

Wie zu erwarten, war das Passagegeschäft drastisch zurückgegangen. Trotzdem war es lebenswichtig, daß eine schnelle Verbindung mit den Vereinigten Staaten, und sei es nur für die Postbeförderung, bestehen blieb. Die »Lusitania« sollte eine Rundreise monatlich zwischen Liverpool und New York machen, wobei ihre Dampfkraft um 25 % verringert werden sollte. Die dadurch erzielte Einsparung an Kohle und Arbeitskräften würde die Reederei in die Lage versetzen, das Schiff ohne finanzielle Verluste laufen zu lassen. So begann die »Lusitania« im November 1914 einen monatlichen Dienst von Liverpool. Sechs von ihren 25 Kesseln blieben unbefeuert, wodurch die Höchstgeschwindigkeit auf 21 Knoten begrenzt war. Im Februar 1915 empfing die »Lusitania« auf einer Heimfahrt die Nachricht, daß deutsche U-Boote in der Irischen See operierten.

Kapitän Dow erhielt Weisung, unter neutraler Flagge zu fahren. Da er amerikanische Post an Bord hatte, beschloß er, die amerikanische Flagge zu setzen, als Kriegslist eine erlaubte Maßnahme. Die »Lusitania« durchquerte die Irische See mit voller Fahrt.

Seit Februar 1915 hatten die deutschen Botschafter in Washington und Konsulatsbeamte in New York amerikanische Bürger und Bürger neutraler Staaten davor gewarnt, auf Schiffen solcher Nationen zu reisen, die sich mit Deutschland im Kriegszustand befanden. Am 1. Mai erschien eine offizielle Bekanntmachung der deutschen Botschaft in führenden amerikanischen Zeitungen, die folgendermaßen lautete:

»Reisende, die sich zur Fahrt über den Atlantik einzuschiffen beabsichtigen, werden daran erinnert, daß zwischen Deutschland und Großbritannien Kriegszustand besteht und daß die Kriegszone die an die britische Inseln anstoßenden Gewässer einschließt. Gemäß der von der deutschen Regierung veröffentlichten Bekanntmachung laufen Schiffe, die die Flagge Großbritanniens oder eines seiner Verbündeten führen, Gefahr, in diesen Gewässern vernichtet zu werden; Reisende, die in der Kriegszone auf Schiffen Großbritanniens oder seiner Verbündeten fahren, tun dies auf eigene Gefahr.

Kaiserliche Deutsche Botschaft, Washington D. C., 22. April 1915«

Zwei Tage später, am 3. Mai 1915, verließ die »Lusitania« mit 1959 Menschen an Bord New York. Querab von Old Head of Kinsale (Südirland) wurde sie am 7. Mai 1915 von dem deutschen U-Boot »U 20« torpediert. 20 Minuten später hob sich das Heck des Schiffes aus dem Wasser, und die »Lusitania« ging steil in die Tiefe, wobei sie 1198 Menschen, darunter Frauen und Kinder, mit sich riß. Kapitän Turner, der von der Brücke in die See geworfen wurde, schwamm drei Stunden lang, ehe er von einem kleinen Boot aufgenommen wurde.

Zur gleichen Zeit, als die tödlich getroffene »Lusitania« auf den Grund der Irischen See sank, lief ihr Schwesterschiff »Mauretania« unter Kapitän Dow mit 3182 Soldaten für die Dardanellenfront durch das Mittelmeer nach Lemnos. Die Admiralität hatte sie schließlich als Truppentransporter in Dienst gestellt. In dieser Eigenschaft machte sie im Juli und August 1915 zwei weitere Reisen von Southampton nach Mudros, wobei sie jedesmal über 3500 Soldaten an Bord hatte. Auf einer dieser Fahrten entging die »Mauretania« nur knapp dem Schicksal der »Lusitania«, als Kapitän Dow einem Torpedo durch ein Hart-Backbord-Manöver um knappe zwei Meter ausweichen konnte.

Ein Bild vom Kriegseinsatz der »Mauretania« vermittelt die nachstehende Übersicht.

Kriegsdienst der »Mauretania«

Jahr	Monat	Truppentransporter	beförderte Truppen
1915	Mai	Southampton–Lemnos	3 182
	Juli	Southampton–Lemnos	3 630
	August	Southampton–Lemnos	3 579
			10 391

Jahr	Monat	Lazarettschiff	Sanitätspersonal	Verwundete
1915	Oktober	Liverpool–Mudros	283	
	November	Mudros–Southampton	283	2 312
	November	Southampton–Mudros	748	
	Dezember	Mudros–Southampton	283	2 012

Jahr	Monat	Truppentransporter	beförderte Truppen
1916	Oktober	Halifax–Liverpool	3 087
	November	Halifax–Liverpool	3 127
			6 214

1917/1918 in Greenock aufgelegt

Jahr	Monat	Truppentransporter	beförderte Truppen
1918	März	New York–Liverpool	3 662
	April	New York–Liverpool	4 932
	Juni	New York–Liverpool	5 703
	Juli	New York–Liverpool	5 129
	Juli	New York–Liverpool	5 174
	August	New York–Liverpool	5 226
	Sept./Oktober aufgelegt		
	November	New York–Liverpool	4 284
			33 610
	November	Liverpool–New York	4 069
	Dezember	Southampton–New York	3 707
1919	Februar	Southampton–New York	3 827
	März	Southampton–Halifax–New York	3 946
			19 536

Am 27. Mai 1919 Rückgabe an die Reederei.

Nach ihrer Entlassung aus dem Kriegsdienst ging die »Mauretania« in die Werft, wo die Passagierräume wieder eingerichtet und Schiff und Maschinen gründlich überholt wurden. Am 6. März machte sie, jetzt auf der Southampton–New York-Route, ihre erste Nachkriegsreise. In Größe und Luxus der Ausstattung von anderen Schiffen überrundet, war der »Mauretania« nur der Ruhm geblieben, das schnellste Handelsschiff auf den Meeren der Welt zu sein. Im August 1924 lief sie von Ambrose Feuerschiff vor New York nach Cherbourg in vier Tagen und 19 Stunden mit einer Durchschnittsgeschwindigkeit von 26,16 Knoten, womit sie einen neuen Rekord für die Kanalroute aufstellte.

Das letzte glanzvolle Jahrzehnt 1929 bis 1939

BREMEN

Im Dezember 1926 wurde offiziell bekannt, daß der Norddeutsche Lloyd zwei 50 000 Tonnen-Fahrgastschiffe bestellt hatte, die an Geschwindigkeit und Luxus alles übertreffen würden. Die Nachricht wurde weithin mit Interesse und Aufmerksamkeit quittiert. 21 Jahre waren seit dem Bau der »Lusitania« und »Mauretania« vergangen. Letztere hielt immer noch den Rekord. Würde dieser berühmte Veteran sich den beiden deutschen Konkurrenten gewachsen zeigen? Eine ungeduldige Welt erwartete die Antwort.

Der Nordatlantik-Passagierdienst erlebte in diesen Jahren einen Boom ohnegleichen, der durch eine bemerkenswerte Änderung der Verkehrsströme gekennzeichnet war. Die Westwärtsbewegung Tausender von Auswanderern aus Europa, die durch den Ausbruch des Weltkrieges gestoppt worden war, hatte ihren alten Schwung nie wieder erreicht. Sie war sogar noch abgesunken, als die Vereinigten Staaten 1922 das Einwandererquotensystem eingeführt hatten. Die Reedereien, die jetzt zuviel Passagierraum Dritter Klasse hatten, führten eine neue Klasse ein, die direkt auf den amerikanischen Markt zielte – die Touristenklasse. Diese Maßnahme erwies sich augenblicklich als Erfolg. Tausende von Amerikanern nutzten die preiswerte Touristenklasse für Besuche in Europa und trugen damit erheblich zu den steigenden Passagierzahlen bei. Man schätzte, daß 80 % aller nordatlantischen Passagiere Amerikaner seien, von denen die meisten als Touristen Europa kennenlernen wollten. Unter diesen Umständen war es nur natürlich, daß die französischen und italienischen Reedereien zunehmend in den Transatlantikdienst hineindrängten, um sich einen Anteil an diesem Touristenboom zu sichern. So traten zu den traditionellen Rivalen um das Blaue Band, England und Deutschland, zum ersten Male Frankreich und Italien hinzu. Im Zuge dieser Entwicklung entstanden innerhalb von sieben Jahren sechs großartige Superliner, die alle Anwärter auf das Blaue Band waren: in Deutschland 1929 die »Bremen« und 1930 die »Europa«, in Italien 1932 die »Rex« und die »Conte di Savoia«, in Frankreich 1935 die »Normandie« und in Großbritannien 1936 die »Queen Mary«.

Der Norddeutsche Lloyd gab den Auftrag für die »Bremen« an die AG »Weser« in Bremen, während die »Europa« bei Blohm & Voss in Hamburg bestellt wurde. Der Bau beider Schiffe begann im Juni 1928. Die Hauptabmessungen waren:

	»Bremen«	»Europa«
Länge über alles	286,7 m	286,0 m
Länge zwischen den Loten	270,6 m	270,6 m
Breite	31,1 m	31,1 m
Raumtiefe	14,6 m	14,6 m
Bruttotonage	49 746 BRT	51 656 BRT
Maschinenanlage	Getriebeturbinen	Getriebeturbinen
Kessel	24 Wasserrohrkessel	21 Wasserrohrkessel
Schrauben	4	4
Konstruktionsgeschwindigkeit	27,5 Kn	27,5 Kn
Schornsteine	2	2
Decks	11	11
Gesamtfahrgastzahl	2000	2000
I. Klasse	600	600
II. Klasse	500	500
Touristenklasse	300	300
Dritter Klasse	600	600
Besatzung	960	960

Die äußere Form der beiden Schiffe war in geradezu revolutionärer Weise neu. Der runde Plattenbug, der unter Wasser einen Wulstbug bildete, die stromlinienförmigen Aufbauten und Schornsteine, das alles hatte es bisher nicht gegeben. Ein wirkungsvoller Werbeeinfall waren die in großen Lettern an den Backbord- und Steuerbordseiten des Sonnendecks angebrachten Schiffsnamen, die nachts hell erleuchtet wurden. Die Ausrüstung mit Motorrettungsbooten für alle Passagiere stellte gleichfalls ein über alles bisher Übliche hinausgehendes Novum dar. »Bremen« und »Europa« besaßen überdies bei ihrer Indienststellung Katapultflugzeuge, die einige 100 Meilen vor dem Zielhafen gestartet wurden, um die Post rund 24 Stunden eher abzuliefern. Bei der Planung der Passagierdecks- und einrichtungen versuchte die Reederei die Wünsche und Erwartungen der Luxus gewöhnten und Luxus liebenden internationalen Reisewelt zu übertreffen.

Von der Kiellegung an verlief der Bau der Schiffe ohne Unterbrechung und mit derartiger Präzision, daß ihre Stapellaufdaten zusammenfielen. Da die Reederei und ihre Gäste nicht gleichzeitig auf zwei Werften sein konnten, lief die »Europa« am 15. Aug. 1928 vom Stapel. Die »Bremen« folgte am nächsten Tage, als sie in Gegenwart des Reichspräsidenten von Hindenburg getauft wurde.

Bis zum März 1929 sah es so aus, als ob die beiden Schiffe im Juli 1929 ein gemeinsames Debüt geben würden. Aber die Hoffnungen auf ein derartiges spektakuläres Ereignis verwirklichten sich nicht. Die fast fertiggestellte »Europa« geriet am Ausrüstungskai in Brand und wurde schwer beschädigt. Dadurch verzögerte sich die Ablieferung des Schiffes um 8 Monate. Die »Bremen« wurde im Juni 1929 fertiggestellt und ging zu ausgedehnten Probefahrten in See. Am 22. Juni bekam sie bei Bishop Rock die »Mauretania« in Sicht, die gerade aus Cherbourg ausgelaufen war, um ihre planmäßige Reise nach New York anzutreten. Für Offiziere und Besatzungen beider Schiffe war es ein dramatisches Zufallstreffen, das den Spekulationen, wer von den beiden künftig das Blaue Band besitzen würde, neue Nahrung gab. Diese Frage sollte bald entschieden werden.

Unter den Klängen von Musikkapellen an der Pier und unter den Beifallsrufen begeisterter Menschenmengen legte die »Bremen« unter dem Kommando von Kapitän Ziegenbein am 16. Juli zu ihrer Jungfernreise nach New York in Bremerhaven ab. Drei Tage vorher, am 13. Juli hatte die »Mauretania« unter Kapitän McNeil Southampton verlassen. Es war ihre 220. Reise im normalen Atlantikdienst. Der Drei-Tage-Unterschied zwischen den Abfahrten beider Schiffe machte jeden Gedanken an eine »Wettfahrt« abwegig. Die »Mauretania« traf am Morgen des 19. Juli nach einer Überfahrt von 5 Tagen, 1 Stunde und 1 Minute mit einem Durchschnitt von 25,53 Knoten in New York ein – eine normale Reise.

Inzwischen kam die »Bremen« bei guten Wetterbedingungen rasch vorwärts. Durch Radioberichte über die Reise von Korrespondenten an Bord der »Bremen« wurde bald klar, daß, falls es nicht zu Zwischenfällen oder einem plötzlichen Wetterwechsel kam, das neue Schiff das Blaue Band gewinnen würde. Und so kam es. Der Besatzung der »Mauretania«, die ihr Schiff für die Heimreise ausrüstete, blieb kein Zweifel mehr, als sie die Töne des traditionellen New Yorker Empfangs für ein neues Schiff zu dem ohrenbetäubenden Lärm anwachsen hörte, mit dem der erste Gewinner des Blauen Bandes nach 20 Jahren begrüßt wurde.

Die »Bremen« hatte die Reise von Cherbourg nach Ambrose-Feuerschiff vor New York in der Rekordzeit von 4 Tagen, 17 Stunden und 42 Minuten mit einer Durchschnittsgeschwindigkeit von 27,9 Knoten geschafft! Die schnellste Reise der »Mauretania« über die gleiche Strecke hatte im September 1928 4 Tage, 18 Stunden, 38 Minuten gedauert, bei einem Durchschnitt von 25,27 Knoten.

Der Unterschied von mehr als zwei Knoten zeigte klar die

Überlegenheit der »Bremen« – ein Triumph, den Kapitän McNeil anläßlich eines Höflichkeitsbesuches bei Kapitän Ziegenbein offen anerkannte, als er ihm im Namen der »Mauretania« zum Blauen-Band-Sieg der »Bremen« seine Glückwünsche aussprach. Auf ihrer Heimreise brach die »Bremen« auch den West-Ost-Rekord, als sie von New York nach Plymouth in 4 Tagen, 14 Stunden und 30 Minuten mit einer Durchschnittsgeschwindigkeit von 27,92 Knoten lief. Ganz Deutschland jubelte über diese hervorragende Jungfernreise, die in der Geschichte des Blauen Bandes ihresgleichen nicht hatte.

Obwohl die Geschwindigkeit der »Bremen« jede Aussicht auf Zurückgewinnen des Blauen Bandes durch die »Mauretania« ausgeschlossen erscheinen ließ, überraschte der 22 Jahre alte Veteran die Welt durch eine neue eigene Rekordleistung. Am 3. August 1929 verließ sie Cherbourg und beendete die Reise nach New York in 4 Tagen, 21 Stunden und 44 Minuten mit einem Durchschnitt von 26,85 Knoten. Heimwärts machte sie die Reise von New York nach Plymouth in 4 Tagen, 17 Stunden und 50 Minuten mit einem Durchschnitt von 27,22 Knoten. Eine phantastische Leistung, die dem Sieg der »Bremen« in englischen Augen etwas von seiner Schärfe nahm.

Niemand begrüßte den Triumph der »Bremen« mit größerer Freude, als die deutschstämmigen Bürger der Vereinigten Staaten. Das drückte sich in einer Bronzeplakette aus, die der Reederei zum Geschenk gemacht wurde und die einen Ehrenplatz auf dem Schiff erhielt. Sie trug die Inschrift: »Bremen, Königin der Meere, 27. Juli 1929. Dem Norddeutschen Lloyd überreicht vom Verband Deutscher Gesellschaften in New York.«

Für die nächste Zeit begnügte sich die »Bremen« damit, auf ihren Lorbeeren auszuruhen und die Indienststellung der »Europa« abzuwarten. Diese trat am 25. März 1930 ihre Jungfernreise über den Atlantik an und stellte sich ihrem Schwesterschiff »Bremen« würdig an die Seite. Trotz ungünstigen Wetters legte sie eine Rekordreise von Cherbourg nach New York in 4 Tagen, 17 Stunden und 6 Minuten mit einem Durchschnitt von 27,91 Knoten hin und brach damit den Rekord der »Bremen« für die Westreise. Für die nächsten drei Jahre blieb es bei diesen Zeiten. »Bremen« und »Europa« beherrschten den atlantischen Passagierdienst in gleicher Weise wie ihre berühmten Vorgänger zur Zeit der Jahrhundertwende. Weitere Rekordversuche wurden von beiden Schiffen nicht angestellt. Der Reederei genügte es, zwei Blaue-Band-Renner als Passagiermagnete zu haben. Rekordfahrten kosteten Geld, sehr viel Geld sogar. Nicht nur für Treibstoff, sondern auch für die Instandhaltung des auf Rekordfahrten voll- oder sogar überbeanspruchten Schiffes. 1933 wurde die »Bremen« einer gründlichen Werftüberholung unterzogen. Die Verbände des zur Vibration neigenden Achterschiffs wurden verstärkt, Turbinen und Getriebe sorgfältig überprüft. Danach machte das Schiff noch einmal einen Anlauf, das 1930 an die »Europa« verlorene Blaue Band zurückzugewinnen. Im Juni 1933 gelang ihr das überzeugend mit einer Reise von Cherbourg nach New York in 4 Tagen, 16 Stunden, 15 Minuten mit einem Durchschnitt von 28,51 Knoten.

Unterdessen hatte die von den Vereinigten Staaten ausgehende wirtschaftliche Rezession ein weltweites Ausmaß angenommen und sich auf das atlantische Passagiergeschäft drastisch ausgewirkt. 1929 waren von allen Passagierlinien 1 069 000 Menschen befördert worden. 1930 war diese Ziffer auf 1 002 000 abgesunken. Noch ein Jahr später betrug die Zahl nur noch 685 000. Die Zeiten waren gewiß nicht ermutigend für den Bau und die Indienststellung großer Schnelldampfer. Eine der unmittelbaren Folgen der Rezession war die Unterbrechung des Baus der »Queen Mary«, die Cunard 1930 bei John Brown & Co. in Clydebank bestellt hatte. An dem französischen Superliner »Normandie« und den italienischen Schnelldampfern »Rex« und »Conti di Savoia« hingegen ging die Arbeit weiter.

1932 wurden diese beiden größten jemals auf italienischen Werften gebauten Schiffe in Dienst gestellt. Es waren zugleich die ersten italienischen Fahrgastschiffe, die mit dem Blick auf das Blaue Band konzipiert waren. Sie waren von verschiedenen Reedereien in Auftrag gegeben worden und in keiner Weise Schwesterschiffe. Die »Rex« wurde im Dezember 1929 von der Navigazione Generale Italiana, Genua, und die »Conte di Savoia« im Oktober 1930 vom Lloyd Sabaudo, Genua, bestellt. Beide Gesellschaften erhielten von Anfang an erhebliche finanzielle Unterstützung von Seiten der italienischen Regierung, die sich von der Indienststellung der zwei Schiffe einen erheblichen Prestigegewinn Italiens versprach, von dem zusätzlichen amerikanischen Touristenverkehr ganz abgesehen. Am 11. November 1931 verkündete der italienische Informationsminister, daß am 2. Januar 1932 diese beiden Reedereien mit der Cosulich Linie zu einer neuen Gesellschaft unter dem Namen »Italia« Flotta Riunite fusionieren würden. So begannen denn die beiden Schiffe ihre Laufbahn unter der Hausflagge der »Italia« und deren neuen Schornsteinfarben.

Die Kiele für die Schiffe wurden 1930 gestreckt. Die »Rex«, die größere der beiden, wurde bei der Ansaldo Werft in Sestri Ponente gebaut, die »Conte di Savoia« bei der Cantieri Riuniti dell'Adriatico in Triest. Die Hauptdaten dieser Schiffe waren:

	»Rex«	»Conte di Savoia«
Länge über alles	268,2 m	248,4
zwischen den Loten	254,2 m	239,6 m
Breite	29,6 m	Breite 29,3 m
Raumtiefe	14,4 m	?
BRT	51 062	48 502
Maschinenanlage	Getriebe-Turbinen	Getriebe-Turbinen
Kessel	14	10
Schrauben	4	4
Konstruktions-geschwindigkeit	27,5 Kn	27 Knoten
Schornsteine	2	2

	»Rex«	»Conte di Savoia«
Decks	10	10
Anzahl der Passagiere	2024	2060
I. Klasse	378	360
Auswechselbar	378	–
Touristen-Klasse	410	778
III. Klasse	866	922
Besatzung	810	750

Eine Besonderheit auf der »Conte di Savoia« war der Einbau von Stabilisierungskreiseln, die die Rollbewegungen in See auf ein Minimum beschränken sollten. Diese zum ersten Mal in ein so großes Passagierschiff eingebaute Einrichtung umfaßte drei große Perry-Kreiselanlagen von gleichen Abmessungen. Jede hatte ein 175 t schweres Schwungrad, das 910 Umdrehungen in der Minute machte. Das Gewicht dieser Ausrüstung betrug 750 Tonnen, ihr Betrieb erforderte 2000 PS. Die während der Probefahrten erzielten Ergebnisse waren befriedigend, und diese Einrichtung hat bei unruhigem Wetter sehr zum Wohlbefinden der Passagiere beigetragen.

Die »Rex«, das längere und größere Schiff, besaß ein Dampferheck, die »Conte di Savoia« ein Kreuzerheck. Die »Conte di Savoia« wurde von vielen Sachverständigen als das schönste unter den Super-Fahrgastschiffen der Nachkriegsjahre bezeichnet. Der glanzvollste Raum auf der »Rex« war der Ballsaal vor der Haupthalle. Zwei Decks hoch und mit einer Fläche von 2400 m² war dieser Saal einer der größten jemals in ein Schiff eingebauten Räume. Der Stolz der »Conte di Savoia« war die Colonna-Halle, die ihren Namen nach der Galerie im Colonna-Palast im Rom des 17. Jahrhunderts trug. 7,5 m hoch und mit einer Fläche von 2000 m² war dieser ein wenig bizarre Raum mit Marmorsäulen, klassischen Skulpturen und Friesen im Stil des 17. Jahrhunderts ausgeschmückt. Die Decke war durch eine Reproduktion eines Gemäldes von Luchessini verschönt, das die Schlacht von Lepanto darstellte und dessen Original sich im Colonna-Palast befand. Unter Ausnutzung des Vorteils der südlicheren Fahrtroute wurde auf beiden Schiffen ein offenes Schwimmbad eingebaut.

Der Bau machte schnelle Fortschritte, so daß »Rex« am 1. August 1931 und die »Conte di Savoia« am 28. Oktober vom Stapel laufen konnten. Im September 1932 verließ die »Rex« ihre Bauwerft zur ersten Probefahrt, auf der sie neun Stunden lang eine Geschwindigkeit von 28,9 Knoten durchhielt. Am 27. September 1932 lief sie zu ihrer Jungfernreise von Genua nach New York aus. Die Reise stand unter keinem sehr günstigen Stern; in der Nähe von Gibraltar erlitt das Schiff Turbinenschaden, wodurch es mehrere Tage aufgehalten wurde.

Die »Conte die Savoia« erledigte ihre Probefahrten im September 1932 in der Adria. Danach ging sie zur Erledigung von Restarbeiten nach Venedig ins Dock und anschließend nach Triest zurück. Am 3. November schließlich wurde sie von Triest nach ihrem Heimathafen Genua überführt. Auf dieser Fahrt machte sie ihre Geschwindigkeitserprobungen, wobei sie die Ergebnisse der »Rex« mit 29,5 Knoten klar übertraf. Am 30. November 1932 trat dann die »Conte di Savoia« ihre Jungfernreise von Genua nach New York an. Ebenso wie die »Rex« erlitt auch die »Conte di Savoia« Zeitverlust, als 800 Seemeilen vor New York ein Ventil in einem Turbo-Generator schadhaft wurde. Nach Überwindung ihrer Kinderkrankheiten hielten jedoch beide Schiffe einen zuverlässigen und regelmäßigen Fahrplan ein, so daß sie sich bald großer Beliebtheit beim Reisepublikum erfreuten. Die vielversprechenden Durchschnittsgeschwindigkeiten, die sie während ihrer Meilenfahrten erreicht hatten, konnten sie allerdings auf dem Nordatlantik nicht wiederholen. Nur einmal, im August 1933 erschütterte die »Rex« die Selbstsicherheit der »Bremen«, als sie eine Reise von Gibraltar nach New York in 4 Tagen, 13 Stunden und 38 Minuten mit einer Durchschnittsgeschwindigkeit von 28,92 Knoten vollendete und damit den Rekord für sich buchte. Zum ersten und einzigen Male war damit das Blaue Band in italienischem Besitz. Ein gleicher Rekord in Ostrichtung war der »Rex« nicht vergönnt.

Die »Conte di Savoia« erschien nie in den Listen der Gewinner des Blauen Bandes. Sie lief 1933 von Gibraltar nach New York eine Durchschnittsgeschwindigkeit von 27,53 Knoten, was erheblich hinter dem Ergebnis der »Rex« zurückblieb. Die »Rex« hielt ihren Rekord, bis im Mai 1935 die französische »Normandie« in Fahrt kam.

Der italienische Liner war das erste Schiff, das auf einer der vier Emailletafeln jener Blaue-Band-Trophäe dargestellt war, die von dem britischen Parlamentsmitglied Harold Hales gestiftet worden war, um dem jeweiligen Rekordhalter auf der Atlantikroute verliehen zu werden. Diese nach ihrem Stifter »Hales Trophy« genannte Auszeichnung, die anzuerkennen sich aber die Cunard Line weigerte, wurde erst 1935 fertig, als die »Rex« bereits von der »Normandie« entthront war.

Der Kiel der »Normandie« war im Januar 1931 auf der Penhoët Werft in St. Nazaire gelegt worden. Sechs Wochen vorher, am 1. Dezember 1930, hatte die Werft John Brown & Co. mit ihren Arbeiten an dem Cunard-Schiff »Queen Mary« begonnen. Der Name dieses Schiffes wurde allerdings bis zum Augenblick des Stapellaufs streng geheimgehalten. Bis dahin war sie nur unter der Werftbezeichnung Neubau Nr. 534 bekannt. Gleichzeitig mit dem Baubeginn dieser Schiffe fingen auch die Hafenbehörden in Southampton, Cherbourg und New York an, neue Piers sowie Gepäck- und Zollschuppen für diese Mammutschiffe zu bauen. In Southampton gehörte zu den Neuanlagen ein Trockendock von 365 m Länge und einer Breite von 41 m, das im Sommer 1933 fertig werden sollte.

Obwohl sie sich in ihrer äußeren Erscheinung, in ihren Antriebsanlagen, im Entwurf und in der Ausführung ihrer Innenarchitektur vollständig unterschieden, waren die Abmessungen der »Queen Mary« und der »Normandie« praktisch die gleichen.

	»Queen Mary«	»Normandie«
Länge über alles	310,3 m	313,6 m
Länge zwischen den Loten	306,0 m	293,5 m
Breite	36,0 m	36,3 m
Raumtiefe bis zum Promenadendeck	30,5 m	29,6 m
Brutto-Tonnage	81 237 BRT	83 433 BRT
Maschinenanlage	Getriebe-Turbinen	Turbo elektrisch
Kessel	27	29
Schrauben	4	4
Konstruktions-geschwindigkeit	28,5 Kn	29 Knoten
Decks	12	12
Passagiere	2139	1972
1. Klasse	776	848
Touristenklasse	784	670
III. Klasse	579	454
Besatzung	1050	1345

Es waren die größten und schnellsten Fahrgastschiffe, die bis dahin für den Transatlantik-Passagierverkehr entworfen worden waren, und das Interesse der Welt war um so größer, als beide gleichzeitig 1933 in Fahrt kommen sollten.

Aber die wirtschaftliche Rezession, die die Industrie in aller Welt und besonders in den Vereinigten Staaten betroffen hatte, nahm fühlbar zu, weshalb der Passagier- und Frachtdienst im Nordatlantik anhaltend zurückging. Eine Besserung in absehbarer Zukunft war nicht zu erwarten. Die Cunard Line, die schon 1,5 Millionen Pfund für die Bau-Nr. 534 ausgegeben hatte, sah sich nicht mehr in der Lage, den Bau des Schiffes aus eigener Kraft zu finanzieren. Ein Versuch, von der britischen

Regierung Unterstützung zu erlangen, schlug fehl. Infolgedessen wurde der Bau im Dezember 1931 gestoppt. 27 Monate lag der unfertige Rumpf verlassen auf dem Helgen; für ganz England ein Symbol für die Schwere der Rezession, die viele Tausende betroffen und um ihren Arbeitsplatz gebracht hatte.

Währenddessen ging die Arbeit an der »Normandie«, die von vornherein mit Unterstützung der französischen Regierung gebaut wurde, ohne Unterbrechung weiter. Am 29. Oktober 1932 lief das Schiff unter tosender nationaler Begeisterung auf der Penhoët-Werft in St. Nazaire in Gegenwart des Präsidenten der Republik, Monsieur Lebrun, vom Stapel, nachdem Madame Lebrun die Taufzeremonie vollzogen hatte. Die französische Postbehörde gab aus diesem Anlaß eine Erinnerungssondermarke heraus.

Streiks auf der Werft und finanzielle Probleme der Regierung, die aus der allgemeinen wirtschaftlichen Depression entstanden, zögerten die Indienststellung der »Normandie« erheblich hinaus. Erst im April 1935, zwei Jahre später als vorgesehen, lief sie zu ihren Probefahrten aus, bei denen eine Geschwindigkeit von 31,9 Knoten erreicht wurde. Weltweit zollte man der ungewöhnlichen Eleganz ihrer äußeren Erscheinung und der großzügigen Pracht ihrer Einrichtung verdienten Beifall. Über 2000 Modellversuche waren der Festlegung der Rumpfform des Schiffes vorangegangen. Das Ergebnis zeigt sich in einer sehr ungewöhnlichen und originellen Bug- und Heckform. Auf dem Achterschiff stuften sich die Passagierdecks terassenförmig ab, so daß alle Fahrgäste, gleichgültig in welcher Klasse sie wohnten, den freien Blick über den weiten Atlantik genießen konnten. Die drei enormen stromlinienförmigen Schornsteine waren von vorn nach achtern zunehmend niedriger. Der dritte Schornstein war eine Attrappe und diente als Zwinger und Auslauf für die Hunde der Passagiere. Die Maschinenanlage der »Normandie« erregte das besondere Interesse der Schiffbauingenieure. Die Kraft, die benötigt wurde, um das Schiff in 4 Tagen unter allen Wetterbedingungen mit einer Durchschnittsgeschwindigkeit von 29 Knoten über den Nordatlantik zu jagen, wurde von 29 Sulzer-Wasserrohrkesseln mit Ölfeuerung entwickelt, die den Dampf für vier Satz Dampfturbogeneratoren lieferte. Diese erzeugten ihrerseits den elektrischen Strom für die vier Elektro-Fahrmotoren, die auf die vier Schraubenwellen gekuppelt waren. Dieses besondere System war noch nie auf einem Schnelldampfer eingebaut worden, und das Ergebnis wurde mit entsprechender Spannung erwartet.

Selbstverständlich übertrafen auch die Fahrgasträume der »Normandie« wiederum alles bisher dagewesene. Nie hatte man eine derartige Pracht gesehen, wie sie hier in der großen, drei Decks hohen Halle verkörpert wurde. Deren Wände waren mit bemalten Täfelungen und farbigen Glasmosaiken geschmückt, die die Geschichte der Schiffahrt durch die Jahrhunderte wiedergaben. Die Kapelle war im byzantinischen Stil gehalten, der Grillroom, das Theater, die Unterdecks, Swimmingspools, die privaten Suiten und Speisesalons stellten das non plus ultra dar, wie die Kritik übereinstimmend konstatierte.

Am 29. Mai 1935 feierte die »Normandie« ihr Debüt im Nordatlantikdienst. Ihre Jungfernfahrt von Le Havre über Southampton nach New York war eine Triumphfahrt. Sie machte die Überfahrt von Cherbourg nach New York in 4 Tagen, 3 Stunden und 14 Minuten mit einer Durchschnittsgeschwindigkeit von 29,94 Knoten, zeitweilig erreichte sie 31,37 Knoten! Tausende von New Yorkern feierten die Ankunft der neuen Rekordhalterin mit der traditionellen Zeremonie. Auch auf ihrer Heimreise löschte die »Normandie« den 1929 von der »Bremen« für die Ostrichtung aufgestellten Rekord aus, als sie in 4 Tagen, 3 Stunden und 25 Minuten mit einer Durchschnittsgeschwindigkeit von 30,35 Knoten von Ambrose Feuerschiff nach Cherbourg fuhr.

Die erste Bekanntschaft mit dem nordatlantischen Seegang bei hoher Fahrt hatte aber auch gezeigt, daß die »Normandie«

wie viele der früheren Rekordhalter unter Vibration zu leiden hatte. Das Übel konnte in diesem Fall durch Auswechseln der Schrauben behoben werden. Auf ihren ersten sechs Rundreisen dampfte die »Normandie« 38 753 Seemeilen mit einer Durchschnittsgeschwindigkeit von 28,55 Knoten. Damit bewies dieser luxuriöse und schnelle Passagierdampfer, daß er des Blauen Bandes würdig war, das er zum ersten Mal für Frankreich errungen hatte. Ohne Zweifel würde die »Normandie« ihrer britischen Konkurrentin »Nr. 543« eine schwere Aufgabe stellen.

Nach langen Monaten der Untätigkeit ging nun das Cunard-Schiff in Clydebank seiner Fertigstellung entgegen, nachdem die Regierung endlich die notwendigen Mittel zur Verfügung gestellt hatte. Dieses Ergebnis war erst nach langwierigen Verhandlungen zwischen der Cunard Line und dem Schatzamt zustande gekommen, die durch das ständige Absinken der transatlantischen Fahrgastziffern nicht gerade unterstützt worden waren. 642 000 Passagiere 1932, 467 000 für 1933 und ein Tiefpunkt von 460 000 im Jahre 1934. Eine weitere Hürde, die übersprungen werden mußte, war die scharfe Meinungsverschiedenheit zwischen Schiffahrtsexperten, Industriellen und führenden Finanzhäusern über die Frage, ob ein großes Schiff wie Nr. 534 wirtschaftlicher arbeiten würde als zwei 30 000-Tonner. Dieser Streit, in dem beide Seiten mit Tatsachen und Zahlen argumentierten, hatte die Regierung veranlaßt, einen Sonderausschuß unter Leitung von Lord Weir zur Klärung dieser Frage einzusetzen. Der Ausschuß entschied zugunsten des großen Schiffes. Ende Dezember 1933 wurde die Übereinkunft erzielt. Eine unerwartete Bedingung dafür war die Forderung nach dem Zusammenschluß der Nordatlantikdienste der Cunard Line und der White Star Line, deren Anteile per 1. Januar 1934 in eine neue Reederei unter dem Namen Cunard White Star Limited eingebracht werden sollten. Die Cunard Line war am Vermögen der neuen Gesellschaft mit 62 %, die

Oceanic Steam Navigation Company (White Star) mit 38 % beteiligt.

Danach stimmte das Schatzamt zu, einen Vorschuß von 4,5 Millionen Pfund zur Verfügung zu stellen, damit Nr. 534 fertiggebaut werden konnte, und zusätzlich weitere 5 Millionen, falls die Entscheidung fiel, ein zweites Schiff (das später als »Queen Elizabeth« tatsächlich bestellt wurde) zu bauen.

Im April 1934 strömten über 4000 Menschen durch die Werfttore in Clydebank, um die Arbeit an Nr. 534 wieder aufzunehmen. Am 26. September 1934, einem Tage mit wolkenbruchartigem Regen, machten sich rund 200 000 Menschen auf den Weg nach Clydebank, um König Georg, die Taufpatin Königin Mary und den Prinzen von Wales in seiner Eigenschaft als Kommodore der Handelsmarine und der Fischereiflotten zu begrüßen. Es war das erste Mal, daß eine britische Königin ein Handelsschiff taufte.

Zehn Monate später verließ die »Queen Mary« am 24. März 1936 die Werft mit Kurs Southampton. Nie zuvor war ein so großes Schiff den engen Clyde Kanal hinuntergefahren. Unterwegs kam es zu einem kritischen Vorfall, als bei Dalmuir die »Queen Mary« quer zum Strom herumschlug und für 13 endlose Minuten auf Grund saß.

Noch am gleichen Tage ging sie in Southampton in das neue »König Georg V-Dock«, wo das Unterwasserschiff gereinigt und gemalt wurde. Für ihre Probefahrten verließ sie Southampton am 15. April. Offizielle Ziffern über erreichte Ergebnisse wurden nie bekanntgegeben.

Die »Queen Mary« war so britisch in Rumpfform, Maschinenanlage, Möblierung und Ausstattung wie ihre große Rivalin, die »Normandie« französisch war. Fahrgäste, die auf beiden Schiffen reisten, hatten das Gefühl, den Atlantik in zwei verschiedenen Welten zu überqueren. Die »Normandie« brachte gallischen Esprit auf den Ozean, die »Queen Mary« kehrte eine eigentümliche rustikale Vornehmheit heraus, die sich in bevorzugtem Gebrauch von Hölzern aus dem Commonwealth äußerte, die den Aufenthaltsräumen, den Gängen und den Kabinen ihr Gesicht gaben. Die »Queen Mary« war bis ins letzte Detail ein Erzeugnis britischer Erfahrung und britischen handwerklichen Könnens.

Sie lief am 27. Mai 1936 von Southampton zu ihrer Jungfernfahrt nach New York aus, und Tausende von Zuschauern winkten dem großen Schiff zum Abschied zu. Die »Queen Mary« war in den traditionellen Cunard-Farben gestrichen, führte jedoch zwei Hausflaggen, die der Cunard Line und die der White Star Line. Die Hoffnungen, daß sie auf ihrer Jungfernreise die »Normandie« entthronen und das Blaue Band nach Großbritannien zurückbringen würde, gingen hoch. Sie sollten sich jedoch nicht erfüllen, obwohl die »Queen Mary« am 29./30. Mai mit 766 Seemeilen bei einer Durchschnittsgeschwindigkeit von 30,64 Knoten das bisher beste Etmal auf der Westroute lief. Den Empfang in New York am Morgen des 1. Juni beschrieb einer ihrer Fahrgäste folgendermaßen: »Als die Sonne an dem wolkenlosen Himmel aufging, lief eine Armada von allen möglichen Fahrzeugen auf die Bucht hinaus, um die ›Queen Mary‹ zu begrüßen. Darunter befand sich das offizielle Begrüßungskomitee: führende Persönlichkeiten, Vertreter der Hafenbehörden, des Zolls, Einwanderungsbeamte und eine große Anzahl Zeitungsleute und Fotografen. Vom Bootsdeck der ›Queen Mary‹, fast 30 Meter oberhalb der Wasserlinie, sahen die kleinen Boote wie Nußschalen aus. Nachdem die Formalitäten erledigt waren und das Schiff freigegeben – denn auch soeben angekommene Königinnen sind den Hafenvorschriften unterworfen – begann unsere königliche Einreise. Mittlerweile waren den offiziellen Booten ganze Flotten anderer gefolgt, die zu beiden Seiten neben der ›Queen Mary‹ liefen, die vollen Flaggenschmuck trug und deren weiße Aufbauten und roten Schornsteine mit ihren schwarzen Kappen im hellen Sonnenschein glänzten. Langsam glitt sie in den Hafen.

Immer größer wurde die begleitende Armada. Die Schiffe schienen aus dem Nichts zu kommen. Voraus, längsseits, achteraus, gefährlich überliegend, die städtischen Feuerlöschboote mit Kaskaden von Wasserstrahlen – es war großartig. Die Piers am Hudson-River trugen vollen Flaggenschmuck und dichte Massen von Menschen, die sich darauf drängten. Dann brach plötzlich ein Tumult und Getöse los, wie es, so nach Aussagen von Leuten, die an der Wasserfront leben, nie zuvor zu hören gewesen war. Handelsschiffe aller Nationen ließen zum Willkommen ihre Dampfpfeifen, Hörner oder Sirenen ertönen. Die ›Queen Mary‹ anwortete mit einem einzigen Dauerton, der die Möwen wirbelnd und schreiend hoch in die Luft hinaufjagte. Es war der Tag der ›Queen Mary‹, und die New Yorker mit ihrer charakteristischen warmherzigen Großzügigkeit sorgten dafür, daß es ein Tag wurde, der in der Erinnerung haften blieb.« Die Heimreise der »Queen Mary« von New York begann am 5. Juli. Sie lief Cherbourg am 10. Juli an und ging dann weiter nach Southampton, wo sie am selben Tage festmachte. Die Zeiten für ihre Jungfernreise auswärts und heimwärts waren:

	Tage	Std.	Min.	Distanz in Meilen	Durchschnitts-geschwindigkeit in Knoten
Cherbourg–New York	4	12	24	3158	29,133
New York–Cherbourg	4	15	15	3198	28,74

In einer Stellungnahme zu der Reise sagte Sir Percy Bates, der Vorsitzende der Cunard White Star Line, daß er mit der Leistung des Schiffes zufrieden sei. Er fügte hinzu, daß man eines Tages testen würde, was die »Queen Mary« wirklich vermöchte, daß man dabei aber keinerlei Risiken eingehen werde.

Zwei Monate später, im August 1936, machte die »Queen Mary« ihre erste Rekordreise, auf der sie das Blaue Band gewann. Sie lief von Cherbourg nach New York in 4 Tagen und 27 Minuten mit einer Durchschnittsgeschwindigkeit von 30,14 Knoten; ostwärts von New York nach Cherbourg sogar nur 3 Tage, 23 Stunden und 27 Minuten mit einer Durchschnittsgeschwindigkeit von 30,63 Knoten. Es war das erste Mal, daß ein Fahrgastschiff den Atlantik in weniger als 4 Tagen überquert hatte. Diese Rekorde berechtigten die »Queen Mary«, die Hales Trophy zu beanspruchen. Die Direktoren der Cunard White Star Line wollten jedoch damit nach wie vor nichts zu tun haben, da der hierdurch hervorgerufene Eindruck von Ozeanwettfahrten der Politik der Gesellschaft zuwiderlief.

Die »Queen Mary« behielt das Blaue Band nur für kurze Zeit. Die »Normandie« nahm die Herausforderung an. Unter Kapitän Thoreux machte sie 1937 einige Rekordreisen. Im März lief sie von New York nach Cherbourg in 4 Tagen und 6 Minuten mit einem Durchschnitt von 30,99 Knoten. Sie ließ diesem Rekord im Juli auf einer Reise von Cherbourg nach New York einen zweiten von 3 Tagen und 23 Stunden, 2 Minuten mit einer Durchschnittsgeschwindigkeit von 30,58 Knoten folgen und stellte im August einen dritten auf, als sie die Strecke Cherbourg nach New York in drei Tagen, 22 Stunden und 7 Minuten mit einem Durchschnitt von 31,20 Knoten durchlief. Diese Reisen waren Höhepunkte in der Laufbahn dieses großartigen französischen Liners. Sie wurden 1938 durch die »Queen Mary« übertroffen, die am 3. August unter Kapitän Sir Robert Irving die Passage Cherbourg–New York in drei Tagen, 21 Stunden und 48 Minuten mit einem Durchschnitt von 30,99 Knoten hinter sich brachte und auf der Rückreise drei Tage, 20 Stunden und 42 Minuten mit einem Durchschnitt von 31,69 Knoten lief. – 100 Jahre zuvor, im März 1838, hatte der 703 BRT große Raddampfer »Sirius« auf seiner Jungfernreise über den Atlantik 18 Tage und 12 Stunden gebraucht, ehe er in New York ankam.

In der Geschichte der Atlantikschiffahrt nahm das Jahr 1938 –

das letzte volle Friedensjahr vor dem Ausbruch des Zweiten Weltkrieges – eine besondere Stellung ein: zum letzten Mal beherrschte die große Flotte der Passagierschiffe unangefochten die Routen des Atlantik als das einzige Transportmittel zwischen Europa und Nordamerika. Die Handelsrezession der frühen dreißiger Jahre versank rasch als eine unerfreuliche Episode in der Erinnerung; der Passagierverkehr nahm ständig zu. Die »Queen Elizabeth«, Schwesterschiff der »Queen Mary«, ging in Clydebank ihrer Vollendung entgegen. Der Norddeutsche Lloyd hatte Pläne für einen Mammut-Superliner namens »Viktoria« bekanntgegeben, und die französische C. G. T. war dabei, ein Schwesterschiff für die »Normandie« zu planen, das den Namen »Bretagne« tragen sollte. Trotz der steigenden politischen Spannungen in Europa, die dem Abkommen von München im September 1938 folgten, war die Zukunft des Nordatlantik-Passagierdienstes niemals sicherer erschienen, und niemals hatte die Aussicht auf verschärfte internationale Konkurrenz um das Blaue Band mehr Spannung hervorgerufen. Dann, am 1. September 1939, fiel Hitler in Polen ein. Innerhalb weniger Tage war Europa in einen Krieg verstrickt, dessen Folgen ebenso vernichtend wie erschreckend waren.

Die erste unmittelbare Wirkung war das Abreißen der nordatlantischen Liniendienste. Schiffe, die noch im Hafen lagen, erhielten Order, vorerst dort zu bleiben, darunter die »Normandie« in New York, »Rex« und »Conte di Savoia« in Genua und die »Europa« in Bremerhaven. Der Kapitän der »Bremen«, die sich auf der Heimreise von New York befand, nahm Nordkurs und lief nach Murmansk. Die »Queen Mary« mit einer Rekordbelegung von 2232 Passagieren, in der Mehrheit Amerikaner, erhielt Order, in New York zu bleiben und dort weitere Weisungen abzuwarten.

Am Sonntag, dem 3. September, wenige Stunden nach der englischen Kriegserklärung an Deutschland, wurde der Donaldson-Passagierdampfer »Athenia«, der am Tage zuvor Liverpool mit Kurs Montreal verlassen hatte, warnungslos torpediert und versenkt. Zum zweiten Mal innerhalb von 25 Jahren versank die große Gemeinschaft der Seefahrer in Bitternis und Haß. Über den Nordatlantik breitete sich eine Finsternis aus, in der das Blaue Band keinen Platz hatte.

Der »vergessene« Rekord
1952 bis 1973

UNITED STATES

Das Ende des Zweiten Weltkrieges und die Dämmerung eines neuen Friedens brachte nach und nach die Entlassung der Fahrgastschiffe aus dem Kriegseinsatz als Transporter oder in anderen Eigenschaften mit sich. Eins nach dem anderen wurden sie von ihren Reedereien überholt und wieder in Dienst gestellt. Die Verluste durch See- und Luftangriffe waren schwer gewesen. Viele der in den Vorkriegsjahren bekanntesten Dampfer kehrten nie auf den Nordatlantik zurück, darunter vier von den sechs Blaue-Band-Schiffen. Die »Normandie«, die seit dem 3. September 1939 in New York aufgelegen hatte, war nach dem Zusammenbruch Frankreichs von der Regierung der USA übernommen worden. Nach dem japanischen Angriff auf Pearl Harbour wurde das Schiff unter dem Namen »Lafayette« zum Truppentransporter umgebaut. Während dieses Umbaus geriet dieser stolze und elegante Schnelldampfer am 9. Februar 1942 in Brand. Die Wasserfluten, die in die oberen Räume des Schiffs hineingepumpt wurden, brachten die »Lafayette« zum Kentern. Mit einem Kostenaufwand von 4,5 Millionen Dollar wurde sie 1943 gehoben. Drei Jahre lang lag die einstige »Normandie« rostend an der Pier, bis sie im September 1946 zum Verschrotten verkauft und nach Port Newark, New Jersey, geschleppt wurde.

Die »Bremen« endete am 16. März 1941 in Bremerhaven durch Brandstiftung. Sie mußte anschließend verschrottet werden. Die »Rex« sank am 9. September 1944 in Capo d'Istria nach einem britischen Luftangriff. Dem gleichen Schicksal fiel die »Conte di Savoia« zwei Tage später im flachen Wasser vor Venedig zum Opfer. Nur zwei der »großen Sechs« überlebten den Krieg – die »Europa« und die »Queen Mary«. Die »Europa« wurde 1946 als Reparation an Frankreich übergeben und nach gründlichem Umbau unter dem Namen »Liberté« 1950 von der Cie. Générale Transatlantique in Fahrt gebracht. Die »Queen Mary« hatte während des ganzen Krieges im aktiven Tansportdienst gestanden, wie seit 1941 auch ihr Schwesterschiff »Queen Elizabeth«. Bis zum 31. Mai 1945 hatten die beiden »Queen's« 1 243 538 Mann militärisches Personal zu den verschiedenen Kriegsschauplätzen transportiert. Der Kriegsbeitrag dieser beiden großen und schnellen Schiffe, die 15 000 Mann Truppen pro Reise befördern konnten, gab der Nachkriegspassagierfahrt auf dem Nordatlantik einen unerwarteten Impuls. Er war der Anlaß, daß die Regierung der USA dem Bau eines großen Schiffes zustimmte, das im Kriegsfall in kurzer Zeit in einen Transporter umgebaut werden konnte, andererseits aber schnell und luxuriös genug war, um im transatlantischen Passagierverkehr seine Chance wahrzunehmen, wo die »Queen Mary« und die »Queen Elizabeth« praktisch ein Monopol besaßen. Dieser Wunsch nach einem Truppentransporter war wohl auch der Grund dafür, daß die amerikanische Regierung vor der sehr bedeutungsvollen Tatsache der wachsenden Konkurrenz der Fluggesellschaften die Augen schloß. Bis September 1939 gab es keinen Passagier-Luftverkehr über den Nordatlantik. Nach dem Kriege herrschte eine dramatisch veränderte Lage. Die nordatlantischen Verkehrsstatistiken, die von der internationalen Lufttransport-Gesellschaft im Juni 1952 veröffentlicht wurden, zeigten, daß die Mitgliedsgesellschaften 253 864 Passagiere im Jahre 1948, 272 637 im Jahre 1949, 317 164 im Jahre 1950 und 341 553 im Jahre 1951 befördert hatten. Mit anderen Worten: In vier Jahren hatten 1 184 188

Passagiere den zeitsparenden Luftweg dem Schiff vorgezogen. Und diese Tendenz setzte sich fort. Trotz dieser klaren »Botschaft« aus der Luft hielt die amerikanische Regierung an ihrem Projekt fest. Sie erfreute sich dabei der aktiven Unterstützung des Präsidenten Truman, der die Ansicht geäußert hatte, er sähe keinen Grund, warum die beiden »Queens« eine jährliche Summe von mehr als 50 Millionen Dollar für England verdienen sollten, wenn die Masse der Nordatlantikpassagiere aus amerikanischen Touristen bestand. Man schätzte, daß der Umsatz im Touristengeschäft auf dem Nordatlantik bald 17 Milliarden Dollar jährlich erreichen würde. Diese Summen würden den anderen Reedereien zufließen, wenn die Vereinigten Staaten weiter unbeteiligt blieben.

Am 8. Februar 1950 wurde daher in Newport News in einem eigens dafür gebauten Trockendock der Shipbuilding and Drydock Corporation feierlich der Kiel für das größte Handelsschiff gestreckt, das jemals in den Vereinigten Staaten gebaut worden war. Die geschätzten Kosten für dieses Schiff, das den Namen »United States« tragen sollte, beliefen sich auf 77 Millionen Dollar, zu denen die United States Lines, die das Schiff bereedern sollte, 32 Millionen Dollar beizutragen hatte. Den Rest übernahm die amerikanische Regierung. Die Pläne für das Schiff wurden bei der Firma Gibbs and Cox gezeichnet, einer Schiffbaufirma mit langer Erfahrung im Entwurf von Schiffen für die amerikanische Marine und von Passagierschiffen. Alle Pläne, Zeichnungen und Einzelheiten mußten von der amerikanischen Marine genehmigt werden, ehe die Arbeit beginnen konnte. Aus den spärlichen Einzelheiten, die an die Öffentlichkeit drangen, ging hervor, daß die »United States« 301,7 m lang und 30,8 m breit sein würde. Ihr Tiefgang wurde nie bekanntgegeben; doch sickerte durch, daß sie imstande sein würde, den Panama-Kanal zu passieren, falls sich dies jemals als nötig erweisen sollte. Ihre Tonnage wurde mit 53 329 BRT amerikanischer Vermessung angegeben. Die Antriebsturbinen wurden in getrennten, wasserdicht abgeschotteten Abteilungen aufgestellt. Über vier Schrauben sollte sie eine Konstruktionsgeschwindigkeit von 30 bis 33 Knoten erreichen. Die Kabinen waren für 1962 Passagiere ausgelegt, davon 882 1. Klasse, 525 Kabinenklasse und 555 Touristenklasse. Die Einrichtungen waren sehr zweckmäßig und elegant ausgeführt, jedoch bewußt nicht luxuriös. Größter Wert wurde auf eine praktisch absolute Feuersicherheit des Schiffes gelegt, weshalb Leichtmetall und Aluminium bei der Möblierung und der Ausstattung der Räume in großem Umfang Verwendung fanden. Ebenso ersetzte Aluminium aus Gewichtsersparnisgründen weitgehend die Verwendung von Stahl bei den Aufbauten, den Schornsteinen, dem Mast und den Rettungsbooten. Der ganze Entwurf wurde von der Grundidee beherrscht, daß die »United States« im nationalen Notfalle aus ihrem Friedensdienst gezogen und in kurzer Zeit in einen Truppentransporter umgebaut werden sollte, der 14 000 Mann transportieren konnte.

Die »United States« schwamm am 23. Juni 1951 im Baudock auf und wurde von Mrs. Truman, der Gattin des amerikanischen Präsidenten, getauft. Im Juni 1952 lief sie zur Probefahrt aus. In ihrer äußeren Erscheinung entsprach sie den bekannten Traditionen. Alles in allem machte sie den Eindruck großer Kraft und großer Geschwindigkeit, die sie dann auch auf ihrer Jungfernreise bewies.

Am 3. Juli 1952 verließ sie unter Kapitän Manning New York. Sie war voll ausgebucht. In den frühen Morgenstunden des 7. Juli passierte sie Bishop Rock. Damit hatte sie die Reise von Ambrose Feuerschiff in drei Tagen, 10 Stunden und 40 Minuten mit einer Durchschnittsgeschwindigkeit von 35,59 Knoten zurückgelegt! Auf der Heimreise von Southampton dampfte sie von Cherbourg in drei Tagen, 12 Stunden und 12 Minuten nach New York, mit einem Durchschnitt von 34,51 Knoten. Zum ersten Mal seit hundert Jahren hatte ein in Amerika gebauter Passagierdampfer das Blaue Band gewonnen.

Auf diese Geschwindigkeit hatte die »Queen Mary« keine Antwort. Am 12. November 1952 überreichte der Herzog von Sutherland dem Präsidenten der United States Lines, John M. Franklin, an Bord der »United States« in New York die Hales Trophy. Die von der Direktion der Cunard-White Star Line zurückgewiesene Trophäe, die seit August 1938 der »Queen Mary« zustand, war seither in einem Juwelierladen in Hanley, Staffordshire, verwahrt worden.

Für die nächsten 17 Jahre blieb die »United States« ständig im Nordatlantikdienst. Sie machte nie den Versuch, ihren Rekord zu verbessern. Sie war beim Publikum beliebt und besonders in der Sommersaison oft bis zur letzten Kabine ausgebucht. Trotzdem arbeitete die Reederei, wie fast alle Reedereien im Nordatlantik-Fahrgastgeschäft, mit Verlust. Seit 1958 hatte es eine rapide Abwärtsbewegung in der Passagierschiffahrt gegeben. 1 Million Passagiere hatten den Atlantik im Jahr 1957 auf Schiffen überquert, 1965 war diese Zahl auf 650 000 zurückgegangen. Im gleichen Zeitraum hatte die Zahl der Flugzeugpassagiere im Transatlantikverkehr von 1 Million auf 4 Millionen zugenommen. Die Ära des Blauen Bandes ging zu Ende. In einer Pressekonferenz in London am 8. Mai 1967 kündigte Sir Basil Smallpiece, der Vorstand der Cunard-Steamship Co., wie die Gesellschaft seit 1959 firmierte, an, daß es im Laufe der nächsten zwei Jahre zu einem abschnittsweisen Rückzug der »Queen Mary« und der »Queen Elizabeth« aus dem Nordatlantikdienst kommen würde. Es seien alle Anstrengungen gemacht worden, die Schiffe in Fahrt zu halten. Die Ergebnisse wiesen jedoch aus, daß selbst dann, wenn man in den Wintermonaten Kreuzfahrten unternähme, die Schiffe sich nicht mehr auszahlten. Jedes von ihnen verursachte einen Verlust von etwa 750 000 Pfund im Jahr. Sir Basil bedauerte, daß die beiden Schiffe über kurz oder lang außer Dienst gestellt werden müßten, daß sie aber für alle Zeiten eine einzigartige Stellung in der Geschichte der Seefahrt einnehmen würden.

Die »Queen Mary« verließ Southampton zu ihrer letzten Reise nach New York am 16. September 1967. Es war ihre 1000. Atlantiküberquerung. Zur Rückreise verließ sie New York am 22. September. Sie machte dann noch zwei kurze Kreuzfahrten, ehe sie an die Stadt Long Beach in Kalifornien verkauft wurde. Sie verließ Southampton am 31. Oktober 1967 zum letzten Mal. Die »Queen Elizabeth« verließ Southampton zur letzten Transatlantik-Reise am 20. Oktober 1968. Ebenso wie die »Queen Mary« beendete die »Queen Elizabeth« ihre Laufbahn mit einer kurzen Kreuzfahrt, zu der sie am 8. November von Southampton auslief.

Von all den berühmten Schiffen, die Inhaber des Blauen Bandes gewesen waren, blieb nur die »United States« übrig. Gerüchte über ihre bevorstehende Außerdienststellung wurden immer häufiger laut. Am 15. November 1969, 150 Jahre nach der ersten Atlantiküberquerung des amerikanischen Pionier-Raddampfers »Savannah«, wurde bekanntgegeben, daß die United States Lines beschlossen hatten, die »United States« aus wirtschaftlichen Gründen aufzulegen. Seither liegt die letzte Gewinnerin des Blauen Bandes untätig im Hafen. Das Blaue Band des Atlantik war in die Schiffahrtsgeschichte eingegangen, wo es für alle Zeiten einen ehrenvollen Platz einnehmen wird.

Anhang

DIE »HALES TROPHY«

Die Schicksale der Rekordschiffe

SAVANNAH Savannah S.S.Co.; 320 BRT; 1819 Crocker & Ficket, New York

1819 lief die »Savannah« Kopenhagen, Stockholm und St. Petersburg an und kehrte, nachdem sich kein Käufer für das Schiff gefunden hatte, über Kopenhagen und Arendal nach Savannah zurück. Die Rückreise über den Atlantik wurde ausschließlich unter Segeln gemacht. Anschließend lief die »Savannah« als Segelschiff zwischen Savannah und New York, bis sie am 5. November 1821 auf Long Island strandete.

ROYAL WILLIAM Quebec & Halifax S.N.Co.; 364 BRT; 1831 Campbell & Black, Quebec

1833 an die portugiesische Regierung verchartert und 1834 an die spanische Marine verkauft. Zum Kriegsschiff umgebaut und in »Ysabel Segunda« umbenannt. 1840 außer Dienst gestellt und als Hulk in Bordeaux verwendet.

SIRIUS British & North American; 703 BRT; 1837 R. Menzies, Leith

Am 16. Januar 1847 vor Ballycotton gestrandet.

GREAT WESTERN Great Western S.S.Co.; 1340 BRT; 1838 W. Patterson, Bristol

1847 an die Royal Mail Steam Packet Co. verkauft. 1857 abgewrackt.

BRITANNIA Cunard Line; 1135 BRT; 1840 R. Duncan, Greenock

Die »Britannia« wurde 1849 an die Norddeutsche Bundesmarine verkauft, die sie unter dem Namen »Barbarossa« in

Dienst stellte. 1852 an die Preußische Marine übergeben, wo sie bis 1880 Dienst tat. Als Zielschiff bei Erprobungen von Frühformen der Torpedos versenkt.

ACADIA Cunard Line; 1154 BRT; 1840 J. Wood, Pt. Glasgow
1849 wurde die »Acadia« an die Norddeutsche Bundesmarine verkauft und in »Erzherzog Johann« umbenannt. Nach Auflösung der Bundesmarine im Jahre 1852 wurde sie von Fritz & Lehmkuhl in Bremen angekauft, in »Germania« umbenannt und zwischen Bremen und New York eingesetzt. 1855 von der englischen Regierung für Transportdienste im Krim-Krieg gechartert, dann an ihre Eigner zurückgegeben und schließlich 1858 an der Themse verschrottet.

COLUMBIA Cunard Line; 1175 BRT; 1841 R. Steele, Greenock
Am 2. Juli 1843 lief die »Columbia« in der Nähe von Seal Island, Halifax, auf Grund und ging verloren.

HIBERNIA Cunard Line; 1422 BRT; 1843 R. Steele, Greenock
1850 an die spanische Marine verkauft und in »Habanois« umbenannt.

EUROPA Cunard Line; 1834 BRT; 1848 J. Wood, Pt. Glasgow
1849 kollidierte die »Europa« mit der Bark »Charles Bartlett«, die schwer beschädigt sank. 1854 als Transporter im Krimkrieg eingesetzt. 1867 verkaufte Cunard das Schiff, das für die neuen Eigner bis 1874 fuhr. Dann durch Strandung verlorengegangen.

CANADA Cunard Line; 1831 BRT; 1848 J. Wood, Pt. Glasgow
1877 von der Cunard Line verkauft. Von dem neuen Reeder zum Segelschiff umgebaut und in »Mississippi« umbenannt. 1883 abgewrackt.

ATLANTIC Collins Line; 2860 BRT; 1850 J. Brown, Clydebank
Nach Liquidation der Collins Line 1858 wurde die »Atlantic« bis 1860 aufgelegt. In diesem Jahr machte sie für die North Atlantic S.S.Co. eine Rundreise zwischen New York und Southampton. 1861 von der amerikanischen Regierung als Transporter im Bürgerkrieg übernommen. 1866 an die North American Lloyd Line, die die Strecke New York–Bremen bediente, verkauft und 1867 für die New York and Bremen

S.S.Co. der gleichen Eigner eingesetzt. 1871 zum Verschrotten verkauft.

ARCITIC Collins Line; 2860 BRT; 1850 J. Brown, Clydebank
Die »Arctic« sank am 27. September 1854 auf einer Reise von Liverpool nach New York nach einer Kollision mit dem französischen Dampfer »Vesta«.

BALTIC Collins Line; 2860 BRT; 1850 Brown & Bell, New York
Die »Baltic« wurde bis 1861 aufgelegt und dann als Transporter im amerikanischen Bürgerkrieg eingesetzt. 1867 wurde sie von der North American Lloyd Co. und später der New York and Bremen S.S.Co. angekauft. 1870 von einer deutschen Gesellschaft erworben und zum Segelschiff umgebaut. 1880 zum Verschrotten verkauft.

PACIFIC Collins Line; 2860 BRT; 1850 Brown & Bell, New York
Die »Pacific« verscholl im Januar 1856 mit 240 Menschen an Bord auf einer Reise von Liverpool nach New York.

ASIA Cunard Line; 2226 BRT; 1850 R. Steele, Greenock
1867 verkauft und zum Segelschiff umgebaut. Die »Asia« wurde 1877 in Bombay durch einen Brand vernichtet.

PERSIA Cunard Line; 3300 BRT; 1856 R. Napier, Glasgow
1861 während der Trent-Krise als Truppentransporter beschlagnahmt. 1868 verkauft und 1872 an der Themse verschrottet.

SCOTIA Cunard Line; 3871 BRT; 1862 R. Napier, Glasgow
1876 verkauft an die Telegraph Construction & Maintenance Co. Umgebaut in ein Doppelschrauben-Kabelschiff, ein Schornstein entfernt. 1904 auf Guam, vor Ladrone Islands, gestrandet.

RUSSIA Cunard Line; 2960 BRT; 1867 J. and G. Thomson, Clydebank
1878 an die Red Star Line in Antwerpen verkauft, umgetauft in »Waesland«. Am 7. März 1902 nach einer Kollision mit dem Dampfer »Harmonides« vor Anglesey, North Wales, gesunken.

CITY OF BRUSSELS Inman Line; 3081 BRT; 1869 Tod & McGregor, Glasgow

Die »City of Brussels« sank am 7. Januar 1883 im Mersey, nachdem sie mit dem Dampfer »Kirby Hall« kollidiert war. 10 Menschen ertranken.

BALTIC White Star Line; 3707 BRT; 1871 Harland & Wolff, Belfast
1888 an die Holland-Amerika Lijn verkauft, in »Veendam« umbenannt. Am 6. Februar 1889 nach Zusammenstoß mit einem unbekannten treibenden Gegenstand im Nordatlantik gesunken.

ADRIATIC White Star Line; 3888 BRT; 1872 Harland & Wolff, Belfast
Am 2. Februar 1899 zum Verschrotten in Preston eingelaufen.

BRITANNIC White Star Line; 5004 BRT; 1874 Harland & Wolff, Belfast
Transporter im Burenkrieg von 1899–1902. Verließ Belfast am 11. August 1903 im Schlepp nach Hamburg. Dort verschrottet.

CITY OF BERLIN Inman Line; 5491 BRT; 1875 Caird & Co., Greenock
1893 Übernahme durch die American Line. Umbenannt in Berlin. 1898 als Transporter von der amerikanischen Regierung erworben und in »Maede« umgetauft. 1921 verschrottet.

GERMANIC White Star Line; 5008 BRT; 1875 Harland & Wolff, Belfast
Kenterte am 13. Februar 1899 infolge Vereisung des Decks in New York. Gehoben und an die American Line verkauft. 1904 an die Dominion Line verkauft, umbenannt »Ottawa«. 1909 an die türkische Regierung verkauft, 1910 umbenannt »Gul Djemal«. Türkischer Truppentransporter im 1. Weltkrieg. Durch britisches U-Boot im Marmara-Meer versenkt, später gehoben und 1920 von der Ottoman-American Line in Dienst gestellt. 1922 im Schwarzen Meer eingesetzt. 1929 in »Gulcemal« umbenannt. 1949 Lagerschiff in Konstantinopel. 1950 schwimmendes Hotel. Am 16. November 1950 zum Abwracken nach Messina.

ARIZONA Guion Line; 5147 BRT; 1879 John Elder, Glasgow
Bei Liquidation der Guion Line von 1894–96 im Clyde aufgelegt, dann von John Elder, Glasgow, übernommen und für den Pazifik-Dienst ausgerüstet. 1898 von der amerikanischen Regierung als Transporter im Spanisch-amerikanischen Krieg angekauft. In »Hancock« umgetauft. Im 1. Weltkrieg Truppentransporter. 1926 zum Verschrotten verkauft.

ALASKA Guion Line; 6932 BRT; 1881 John Elder, Glasgow
1894 in Gareloch, Clyde aufgelegt. 1896 an die spanische Cia. Trasatlantica verchartert und 1897 unter dem Namen »Magallance« während der kubanischen Rebellion als Transporter eingesetzt. 1899 zum Verschrotten verkauft, jedoch von der Barrow Shipbuilding Co. als Arbeiterunterkunft angekauft. 1902 abgewrackt.

OREGON Guion Line; 7375 BRT; 1883 John Elder, Glasgow
1884 an Cunard verkauft. 1885 von der britischen Regierung als Hilfskreuzer beschlagnahmt. An Cunard zurückgegeben. Am 14. März 1886 nach einer Kollision mit dem Schoner »Charles Morse« in der Nähe von Fire Island, New York, gesunken. Besatzung und Passagiere wurden vom Lloyd-Dampfer »Fulda« gerettet.

AMERICA National Line; 5528 BRT; 1884 J. & G. Thomson, Clydebank
1885 beschlagnahmt als Hilfskreuzer, dann an die National Line zurückgegeben. 1887 an die italienische Marine verkauft und in »Trinacria« umgetauft. Eingesetzt als Kreuzer, Transporter, königliche Yacht und Ausstellungsschiff. 1925 verschrottet.

UMBRIA Cunard Line; 7718 BRT; 1884 John Elder, Glasgow
1899 Transporter im Burenkrieg. 1910 abgewrackt.

ETRURIA Cunard Line; 7718 BRT; 1885 John Elder, Glasgow
1909 abgewrackt.

CITY OF NEW YORK Inman and International; 10 499 BRT; 1888 J. & G. Thomson, Clydebank
1893 an die American Line, Name in »New York« gekürzt. 1898 während des Spanisch-amerikanischen Krieges von der

amerikanischen Regierung als Truppentransporter requiriert, umgetauft in »Harvard«. Dann als »New York« in den Atlantikdienst zurück. 1917–1919 US-Truppentransporter »Plattsburg«. 1922 an die Polish Navigation Co. verkauft. 1923 abgewrackt.

CITY OF PARIS Inman and International; 10 479 BRT; 1889 J. & G. Thomson, Clydebank
1893 an die American Line, Name auf »Paris« gekürzt. Im Spanisch-amerikanischen Krieg von der amerikanischen Regierung als Transporter beschlagnahmt und in »Yale« umgetauft. Dann in den Atlantikdienst zurückgekehrt. 1899 auf den Manacles, Cornwall, gestrandet. Nach Bergung und Reparatur unter dem Namen »Philadelphia« wieder in Dienst gestellt. Im 1. Weltkrieg US-Transporter »Harrisburg«. 1919 wieder »Philadelphia«. 1922 an die New York-Naples S.S. Co. verkauft. 1923 in Genua abgewrackt.

TEUTONIC White Star Line; 9984 BRT; 1889 Harland & Wolff, Belfast
Im 1. Weltkrieg bewaffneter Hilfskreuzer. 1915 von der Admiralität gekauft und als Truppentransporter eingesetzt. 1921 aufgelegt und zum Abwracken nach Deutschland verkauft. 1921 in Emden verschrottet.

MAJESTIC White Star Line; 9965 BRT; 1890 Harland & Wolff, Belfast
1899–1902 Truppentransporter im Burenkrieg. 1914 zum Abwracken verkauft.

CAMPANIA Cunard Line; 12 950 BRT; 1893 Fairfield, Glasgow
1914 zum Abwracken verkauft. Dann von der britischen Admiralität gekauft und zum Flugzeugträger umgebaut. Im November 1918 nach Kollision mit einem Marinefahrzeug im Firth of Forth gesunken.

LUCANIA Cunard Line; 12 952 BRT; 1893 Fairfield, Glasgow
Am 14. August 1909 in Liverpool ausgebrannt, danach zum Abbruch verkauft.

KAISER WILHELM DER GROSSE Norddeutscher Lloyd; 14 350 BRT; 1897 Vulcan, Stettin

Bei Ausbruch des 1. Weltkrieges zum Hilfskreuzer umgebaut und am 27. August 1914 von HMS »Highflyer« vor Rio de Oro, Westafrika, versenkt.

DEUTSCHLAND Hamburg-Amerika Linie; 16 502 BRT; 1900 Vulcan, Stettin
1910 zum Cruise Liner umgebaut. Umgetauft in »Victoria Luise«. 1922 erneut umgebaut und umgetauft in »Hansa«. 1925 abgewrackt.

KRONPRINZ WILHELM Norddeutscher Lloyd; 14 900 BRT; 1901 Vulcan, Stettin
Im April 1915 von der US-Regierung in Norfolk, Virginia, interniert. 1917 von den Vereinigten Staaten als Transporter »von Steuben« übernommen. Nach dem Kriege aufgelegt. 1923 abgewrackt.

KAISER WILHELM II Norddeutscher Lloyd; 19 361 BRT; 1903 Vulcan, Stettin
Im 1. Weltkrieg in New York aufgelegt. 1917 von der US-Regierung als Transporter »Agamemnon« übernommen. Nach dem Kriege in »Monticello« umbenannt und aufgelegt. 1940 in Baltimore abgewrackt.

LUSITIANA Cunard Line; 30 396 BRT; 1907 John Brown & Co., Clydebank
Die Lusitania wurde auf der Reise von New York nach Liverpool am 7. Mai 1915 vor Old Head of Kinsale, Irland, von dem deutschen U-Boot U 20 torpediert und versenkt.

MAURETANIA Cunard Line; 31 938 BRT; 1907 Swan, Hunter & Wigham Richardson, Newcastle
Im 1. Weltkrieg Transporter und Lazarettschiff. 1919 zurück an Cunard. Im April 1935 an die Metal Industries in Rosyth zum Verschrotten verkauft.

BREMEN Norddeutscher Lloyd; 51 656 BRT; 1929 AG »Weser«, Bremen
Am 16. März 1941 in Bremerhaven durch Brandstiftung vernichtet.

EUROPA Norddeutscher Lloyd; 49 746 BRT; 1930 Blohm & Voss, Hamburg

1946 als Reparation an Frankreich ausgeliefert. Fuhr als »Liberté« unter französischer Flagge und wurde 1961 in Italien abgewrackt.

REX Italia Line; 51 062 BRT; 1933 Cantiere dell'Adriatico, Triest
Am 9. September 1944 vor Capo d'Istria in der Nähe von Triest durch Luftangriff versenkt. 1947 gehoben und zum Verschrotten verkauft.

NORMANDIE Cie Générale Transatlantique; 83 433 BRT; 1935 Penhoët, St. Nazaire
Bei Kriegsausbruch im September 1939 wurde die »Normandie« in New York aufgelegt, 1941 von der amerikanischen Regierung als Truppentransporter »Lafayette« übernommen. Während des Umbaus in New York in Brand geraten und am 9. Februar 1942 gesunken. 1943 gehoben und 1946 zum Verschrotten nach Port Newark verkauft.

QUEEN MARY Cunard - White Star; 81 235 BRT; 1936 John Brown & Co., Clydebank
Wurde im 2. Weltkrieg als Truppentransporter von der britischen Regierung übernommen. 1946 an die Cunard - White Star zurück. Im Oktober 1967 aus dem Dienst gezogen und als Ausstellungsschiff und Seefahrtmuseum an die Stadt Long Beach in Kalifornien verkauft.

UNITED STATES United States Lines; 53 329 BRT; 1953 Newport News Shipbuilding and Drydock Co.
Letzte Inhaberin des Blauen Bandes des Atlantik. Im November 1969 aufgelegt und im Februar 1973 an die US-Marine-Verwaltung verkauft.

Rekordreisen

A. West-Ost-Reisen

Jahr	Mon.	Schiff	Reederei	Flagge	Route	Seemeilen	Zeit Tg-St-Mn	Durchschn.-geschw. in Kn
1819	Juni	Savannah	Savannah S. S. Co.	USA	Savannah–Liverpool		29–11– 0	
1833	Aug.	Royal William	Quebec & Halifax	brit.	Pictou–London		25– 0– 0	
1838	Mai	Sirius	Brit. & North	brit.	New York–Falmouth	2988	18– 0– 0	6,92
1838	Mai	Great Western	Great Western S. S. Co.	brit.	New York–Bristol	3050	14–17–30	8,60
			American					
1840	Aug.	Britannia	Cunard	brit.	Halifax–Liverpool	2573	10– 0– 0	10,56
1842	Juni	Columbia	Cunard	brit.	Halifax–Liverpool	2534	9–17– 0	10,87
1842	Sep.	Acadia	Cunard	brit.	Halifax–Liverpool	2524	9–15– 0	10,97
1843	Mai	Hibernia	Cunard	brit.	Halifax–Liverpool	2524	9–10– 0	11,17
1847	Juli	Hibernia	Cunard	brit.	Halifax–Liverpool	2524	9– 1–30	11,60
1849	Juli	Canada	Cunard	brit.	Boston–Liverpool	2911	9–22– 0	12,23
1850	Juli	Atlantic	Collins	USA	New York–Liverpool	3053	10– 8–20	12,29
1850	Okt.	Asia	Cunard	brit.	New York–Liverpool	3053	10– 7– 9	12,36

Jahr	Mon.	Schiff	Reederei	Flagge	Route	Seemeilen	Zeit Tg-St-Mn	Durchschn.-geschw. in Kn
1851	Mai	Pacific	Collins	USA	New York–Liverpool	3078	9–20–10	13,00
1852		Arctic	Collins	USA	New York–Liverpool	3082	9–17–12	13,25
1856	Mai	Persia	Cunard	brit.	New York–Liverpool	3068	9–12– 7	13,49
1856	Juni	Persia	Cunard	brit.	New York–Liverpool	3068	9– 8–40	13,66
1856	Aug.	Persia	Cunard	brit.	New York–Liverpool	3068	9– 5– 0	13,88
1863	Dez.	Scotia	Cunard	brit.	New York–Queenstown	2731	8– 3– 0	14,02
1867	Nov.	Russia	Cunard	brit.	New York–Queenstown	2731	8– 0–28	14,22
1869	Dez.	City of Brussels	Inman	brit.	New York–Queenstown	2786	7–22– 0	14,66
1873	Jan.	Baltic	White Star Line	brit.	New York–Queenstown	2843	7–20– 9	15,12
1875	Okt.	City of Berlin	Inman	brit.	New York–Queenstown	2820	7–15–28	15,41
1876	Feb.	Germanic	White Star Line	brit.	New York–Queenstown	2894	7–15–17	15,81
1876	Dez.	Britannic	White Star Line	brit.	New York–Queenstown	2882	7–12–47	15,94
1879	Juli	Arizona	Guion	brit.	New York–Queenstown	2810	7– 8–11	15,96
1882	Juni	Alaska	Guion	brit.	New York–Queenstown	2791	6–22– 0	16,80
1882	Sep.	Alaska	Guion	brit.	New York–Queenstown	2800	6–18–38	17,17
1884	April	Oregon	Guion	brit.	New York–Queenstown	2815	6–16–57	17,48
1884	Juni	America	National	brit.	New York–Queenstown	2815	6–14– 8	17,80

Jahr	Mon.	Schiff	Reederei	Flagge	Route	Seemeilen	Zeit Tg-St-Mn	Durchschn.-geschw. in Kn
1884	Aug.	Oregon	Cunard	brit.	SandyHook–Queenstown	2853	6–11– 9	18,39
1887	März	Etruria	Cunard	brit.	SandyHook–Queenstown	2890	6– 4–36	19,45
1889	Mai	City of Paris	Inman & International	brit.	SandyHook–Queenstown	2894	6– 0–29	20,02
1889	Aug.	City of Paris	Inman & International	brit.	New York–Queenstown	2792	5–23–38	19,52
1891	Okt.	Teutonic	White Star Line	brit.	New York–Queenstown	2790	5–21– 3	19,79
1892	Aug.	City of New York	Inman & International	brit.	SandyHook–Queenstown	2814	5–19–57	20,11
1893	Mai	Campania	Cunard	brit.	SandyHook–Queenstown	2899	5–17–27	21,09
1893	Okt.	Campania	Cunard	brit.	New York–Queenstown	2821	5–12–51	21,33
1894	Mai	Lucania	Cunard	brit.	SandyHook–Queenstown	2823	5– 8–38	21,95
1897	Nov.	Kaiser Wilhelm d. Große	Norddeutscher Lloyd	dtsch.	Sandy Hook–Needles	3099	5–18–40	22,35
1900	Juli	Deutschland	Hapag	dtsch.	Sandy Hook–Eddystone	3085	5–14– 6	22,46
1900	Aug.	Kaiser Wilhelm d. Große	Norddeutscher Lloyd	dtsch.	Sandy Hook–Cherbourg	3184	5–19–44	22,89

Jahr	Mon.	Schiff	Reederei	Flagge	Route	Seemeilen	Zeit Tg-St-Mn	Durchschn.-geschw. in Kn
1900	Sept.	Deutschland	Hapag	dtsch.	Sandy Hook–Eddystone	2982	5– 7–38	23,36
1901	Juni	Deutschland	Hapag	dtsch.	Sandy Hook–Eddystone	3083	5–11–51	23,38
1901	Juli	Deutschland	Hapag	dtsch.	Sandy Hook–Eddystone	3099	5–11– 5	23,51
1906		Kaiser Wilhelm II.	Norddeutscher Lloyd	dtsch.	Sandy Hook–Eddystone	3024	5– 8–16	23,58
1907	Okt.	Lusitania	Cunard	brit.	Ambrose–Queenstown	2807	4–22–53	23,61
1907	Nov.	Mauretania	Cunard	brit.	Ambrose–Queenstown	2807	4–22–29	23,69
1908	März	Mauretania	Cunard	brit.	Ambrose–Queenstown	2932	5– 0– 5	24,42
1909	Feb.	Mauretania	Cunard	brit.	Ambrose–Queenstown	2933	4–20– 2	25,28
1909	März	Mauretania	Cunard	brit.	Ambrose–Queenstown	2934	4–18–35	25,61
1909	Mai	Mauretania	Cunard	brit.	Ambrose–Queenstown	2934	4–18–11	25,70
1909	Juni	Mauretania	Cunard	brit.	Ambrose–Queenstown	2933	4–17–21	25,88
1924	Aug.	Mauretania	Cunard	brit.	Ambrose–Cherbourg	3008	4–19– 0	26,16
1929	Juli	Bremen	Nordd. Lloyd	dtsch.	Ambrose–Eddystone	3084	4–14–30	27,92
1935	Juni	Normandie	Cie Gén. Transatlantique	franz.	Ambrose–Bishops Rock	3015	4– 3–28	30,31
1936	Aug.	Queen Mary	Cunard-White St.	brit.	Ambrose–Bishops Rock	2939	3–23–57	30,63

Jahr	Mon.	Schiff	Reederei	Flagge	Route	Seemeilen	Zeit Tg-St-Mn	Durchschn.-geschw. in Kn
1937	März	Normandie	Cie Gén. Transatlantique	franz.	Ambrose–Bishops Rock	2978	4– 0– 6	30,99
1937	Aug.	Normandie	Cie Gén. Transatlantique	franz.	Ambrose–Bishops Rock	2936	3–22– 7	31,20
1938	Aug.	Queen Mary	Cunard-White St.	brit.	Ambrose–Bishops Rock	2938	3–20–42	31,69
1952	Juli	United States	Unites States Lines	USA	Ambrose–Bishops Rock	2942	3–10–40	35,59

B. Ost-West-Reisen

Jahr	Mon.	Schiff	Reederei	Flagge	Route	See-meilen	Zeit Tg-St-Mn	Durchschn.-geschw. in Kn
1838	April	Sirius	Brit. & North American	brit.	Cork–New York	2961	18–10– 0	6,70
1838	April	Great Western	Great Western S. S. Co.	brit.	Avonmouth–New York	3223	15–10–30	8,20
1840	Juli	Britannia	Cunard	brit.	Liverpool–Halifax		12–10– 0	8,50
1841	Juni	Columbia	Cunard	brit.	Liverpool–Halifax	2534	10–19– 0	9,78
1848		Europa	Cunard	brit.	Liverpool–New York	3047	11– 3– 0	11,52
1850	Mai	Asia	Cunard	brit.	Liverpool–Halifax	2534	8–17– 0	12,12
1850	Sep.	Pacific	Collins	USA	Liverpool–New York	3050	10– 4– 0	12,50
1851	Aug.	Baltic	Collins	USA	Liverpool–New York	3054	9–18– 0	13,17
1862	Juni	Scotia	Cunard	brit.	Queenstown–New York	2851	8– 4–34	14,54
1872	Mai	Adriatic	White Star Line	brit.	Queenstown–New York	2778	7–23–17	14,41
1875	Sep.	City of Berlin	Inman	brit.	Queenstown–New York	2829	7–18– 2	15,21
1876	Nov.	Britannic	White Star Line	brit.	Queenstown–New York	2795	7–13–11	15,43
1877	April	Germanic	White Star Line	brit.	Queenstown–New York	2830	7–11–37	15,76
1879	Juli	Arizona	Guion	brit.	Queenstown–New York	2800	7–10–22	15,73

Jahr	Mon.	Schiff	Reederei	Flagge	Route	Seemeilen	Zeit Tg-St-Mn	Durchschn.-geschw. in Kn
1882	April	Alaska	Guion	brit.	Queenstown–New York	2803	7– 6–43	16,04
1883	April	Alaska	Guion	brit.	Queenstown–New York	2775	6–23–48	16,54
1884	Mai	America	National	brit.	Queenstown–New York	2805	6–15–22	17,60
1884	Aug.	Oregon	Cunard	brit.	Queenstown–SandyHook	2792	6– 9–42	18,14
1885	Mai	Etruria	Cunard	brit.	Queenstown–SandyHook	2821	6– 5–31	18,93
1887	Mai	Umbria	Cunard	brit.	Queenstown–SandyHook	2810	6– 4–42	18,90
1888	Mai	Etruria	Cunard	brit.	Queenstown–SandyHook	2872	6– 2–27	19,65
1889	Mai	City of Paris	Inman & International	brit.	Queenstown–SandyHook	2855	5–23– 7	19,95
1889	Sep.	City of Paris	Inman & International	brit.	Queenstown–SandyHook	2788	5–19–18	20,01
1891	Juli	Majestic	White Star Line	brit.	Queenstown–SandyHook	2780	5–10 –0	20,10
1891	Aug.	Teutonic	White Star Line	brit.	Queenstown–SandyHook	2778	5–16–31	20,35
1892	Okt.	City of Paris	Inman & International	brit.	Queenstown–SandyHook	2782	5–14–24	20,70
1893	Juni	Campania	Cunard	brit.	Queenstown–SandyHook	2873	5–15–29	21,21
1894	Mai	Lucania	Cunard	brit.	Queenstown–SandyHook	2873	5–12–57	21,75

Jahr	Mon.	Schiff	Reederei	Flagge	Route	Seemeilen	Zeit Tg-St-Mn	Durchschn.-geschw. in Kn
1894	Okt.	Lucania	Cunard	brit.	Queenstown–SandyHook	2779	5– 7–23	21,81
1898	März	Kaiser Wilhelm d. Große	Norddeutscher Lloyd	dtsch.	Needles–Sandy Hook	3120	5–20– 0	22,29
1900	Juli	Deutschland	Hapag	dtsch.	Eddystone–Sandy Hook	3044	5–15–46	22,42
1900	Aug.	Deutschland	Hapag	dtsch.	Cherbourg–Sandy Hook	3050	5–12–29	23,02
1901	Juli	Deutschland	Hapag	dtsch.	Cherbourg–Sandy Hook	3141	5–16–12	23,06
1902	Sep.	Kronprinz Wilhelm	Norddeutscher Lloyd	dtsch.	Cherbourg–Sandy Hook	3047	5–11–57	23,09
1904		Kaiser Wilhelm II.	Norddeutscher Lloyd	dtsch.	Cherbourg–Sandy Hook	3068	5–12–44	23,12
1907	Okt.	Lusitania	Cunard	brit.	Queenstown–Ambrose	2780	4–19–52	23,99
1908	Mai	Mauretania	Cunard	brit.	Queenstown–Ambrose	2889	4–20–15	24,86
1908	Juli	Lusitania	Cunard	brit.	Queenstown–Ambrose	2776	4–15– 0	25,01
1909		Lusitania	Cunard	brit.	Daunts Rock–Sandy Hook	2784	4–11–42	25,85
1909	Sep.	Mauretania	Cunard	brit.	Daunts Rock–Sandy Hook	2784	4–10–51	26,06
1929	Juli	Bremen	Nordd. Lloyd	dtsch.	Cherbourg–Ambrose	3164	4–17–42	27,83
1930	März	Europa	Nordd. Lloyd	dtsch.	Cherbourg–Ambrose	3157	4–17– 6	27,91
1933	Juni	Bremen	Nordd. Lloyd	dtsch.	Cherbourg–Ambrose	3199	4–16–15	28,51

Jahr	Mon.	Schiff	Reederei	Flagge	Route	Seemeilen	Zeit Tg-St-Mn	Durchschn.-geschw. in Kn
1933	Aug.	Rex	Italia	ital.	Gibraltar–Ambrose	3181	4–13–58	28,92
1935	Mai	Normandie	Cie Gén. Transatlantique	franz.	Bishops Rock–Ambrose	2971	4– 3– 2	29,98
1936	Aug.	Queen Mary	Cunard-White St.	brit.	Bishops Rock–Ambrose	2907	4– 0–27	30,14
1937	Juli	Normandie	Cie Gén. Transatlantique	franz.	Bishops Rock–Ambrose	2906	3–23– 2	30,58
1938	Aug.	Queen Mary	Cunard-White St.	brit.	Bishops Rock–Ambrose	2907	3–21–48	30,99
1952	Juli	United States	United States Lines	USA	Bishops Rock–Ambrose	2906	3–12–12	34,51

Bibliographie

Roy Anderson: White Star (T. Stephenson, Prescot, 1964)

C. R. Benstead: Atlantic Ferry (Methuen, London, 1936)

N. R. P. Bonsor: North Atlantic Seaway (T. Stephenson, Prescot, 1955)

Frank C. Bowen: A Century of Atlantic Travel (Sampson, Low, Marston & Co., London, 1933)

Alan Cary: Giant Liners of the World (Sampson, Low, Marston & Co., London)

Sir William Forwood: Recollections of a Busy Life (Henry Young & Sons, Liverpool, 1910)

Henry Fry: North Atlantic Steam Navigation (Sampson, Low, Marston & Co., London, 1895)

C. R. Vernon Gibbs: Passenger Liners of the Western Ocean (Staples Press, London, 1952)

A. G. Horton-White: Ships of the North Atlantic (Sampson, Low, Marston & Co., London, 1936)

Sir Clement Jones: Pioneer Shipowners (Chas Birchall, Liverpool, 1934)

Humphrey Jordan: Mauretania (Hodder & Stoughton, London, 1937)

John Kennedy: The History of Steam Navigation (Chas Birchall, Liverpool, 1903)

Arthur J. Maginnis: The Atlantic Ferry (Whittaker, London, 1893)

Edgar C. Smith: A Short History of Naval and Marine Engineering Cambridge University Press, 1937)

H. Philip Spratt: Transatlantic Paddle Steamers (Brown, Son & Ferguson, Glasgow, 1951)

David Budlong Tyler: Steam Conquers the Atlantic (D. Appleton-Century Co., New York, 1939)

Andere wertvolle Quellen waren mir Zeitschriften wie The Marine Engineer, The Shipbuilder, Sea Breezes, Shipping World sowie Veröffentlichungen von Nordatlantik-Schiffahrtsgesellschaften. Schließlich standen mir meine persönlichen Aufzeichnungen und Zeitungsausschnitte aus den letzten 50 Jahren zur Verfügung.

Register

(Schiffsnamen sind kursiv gedruckt)

Nachwort

Die Zeit der großen Transatlantik-Liner mit dem Kurs aufs Blaue Band ist ein für alle Mal vorüber. Nie wieder wird einer dieser „Windhunde des Ozeans“ seinen Passagierdienst im 30-Knoten-Tempo über den Großen Teich verrichten.
Die Zeit der dicken Dampfer also ist vorüber. Die Zeit der Rekorde nicht.
Am 29. Juni 1986 lag eine Armada von Fischer- und Sportbooten am berühmten Bishops Rock-Leuchtturm bei den Scilly-Inseln. Ihnen war ein neuer transatlantischer Rekordversuch angekündigt worden, und für ein seefahrendes Volk wie die Briten ist das Grund genug, sich selbst von der Sache zu überzeugen. Um diese Sache aber stand es schlecht. Nur noch zwei Stunden trennten den Herausforderer von der Rekordzeit der „United States“, und noch war nichts zu sehen.
Plötzlich drang ein dumpfes Brummen über die ruhige See. Sekunden später löste sich ein 22 Meter langes, weißes Geschoß aus dem Regen und fegte mit 50 Knoten Geschwindigkeit über das glatte Wasser.
Der Atlantik-Rekord war gebrochen.
Für die 2947 Seemeilen lange Strecke vom Ambrose-Feuerschiff bei New York zum Bishops Rock in England hatte die „Virgin Atlantic Challenger II“ 3 Tage, 8 Stunden, 31 Minuten und 35 Sekunden benötigt.
Brabbelnd erstarben die 2 x 2000-PS-MTU-Dieselmotore. Todmüde ließ sich die sechsköpfige Crew mit Skipper und Eigner Richard Branson feiern. Hinter ihr lag nicht nur eine Tortur, hinter ihnen lag auch das aufregendste Rennen, das je ein Motorboot auf dem Atlantik erlebte.

Richard Branson, Jahrgang 1950, gehört zu den britischen Vorzeige-Unternehmern der jungen Generation. Mit seinem Schallplatten-Imperium „Virgin“ hat er es zu genug Geld gebracht, um sich einen kostspieligen Sport zu leisten. Die Erringung des Blauen Bandes war sein Ziel, auch wenn die Handelsmarine einen Rekord mit einem Sportboot offiziell nicht anerkennt.

1985 startete er zum ersten Mal mit einem Rennboot über den Atlantik. Fast hätte er schon damals alle Rekorde gebrochen, doch wenige Meilen vor dem Ziel brach das Boot auseinander und sank. Es ließ sich nicht mehr erklären, ob der Rumpf durch Treibgut beschädigt oder einfach in den Wellen überbeansprucht war.

Doch Branson gab nicht auf. Für rund fünf Millionen Mark ließ er sich nach einem Riß des Powerboot-Spezialisten Sonny Levi auf der Brook-Werft in Lowestoft/England eine „Virgin II“ in Aluminium bauen. Schon bei der ersten Probefahrt erreichte sie, angetrieben von den gewaltigen, in Deutschland hergestellten MTU-Motoren, eine Geschwindigkeit von 52 Knoten.

Das sollte reichen. Als Hauptproblem hatte sich schon bei dem ersten Versuch das Nachtanken auf der Strecke erwiesen.

Virgin Atlantic Challenger II

Aufgetankt, mit rund 13 000 Litern Diesel im Bauch, konnte das Boot nur 1000 Seemeilen Vollgas schaffen.
Bereits vor der Küste Neuschottlands begannen die Schwierigkeiten. Nachdem sie fast einen Wal gerammt hätten, nahm der Seegang so zu, daß die Geschwindigkeit reduziert werden mußte. Doch der Tankstopp verlief ohne Probleme. In 65 Minuten war das Rennboot von einem Tanker mit Treibstoff versorgt worden und raste weiter Richtung Osten – durch die Nebelbänke vor Neufundland.
Auch hier fanden die Männer ihr Versorgungsschiff pünktlich. Doch als die „Virgin II" gestartet werden sollte, kam nur ein heiseres Röcheln aus dem Bauch. Der deutsche Bordingenieur Eckhard Rastig fand bald heraus: statt Dieseltreibstoff waren 5000 Liter Wasser in die Tanks gepreßt worden.
Rastig ist es zu verdanken, daß das Abenteuer trotzdem weitergehen konnte. Das Wasser wurde nach einem äußerst komplizierten Verfahren abgelassen und Dieseltreibstoff nachgetankt. Von hier bis ins Ziel war der Ingenieur damit beschäftigt, den Maschinen inmitten ihres brüllenden Infernos sozusagen „das Händchen zu halten" und mit immer neuen Treibstoff-Filtern zu versorgen, die ein herbeigerufenes Flugzeug über der „Virgin II" abgeworfen hatte.
Die nächsten 24 Stunden zum nächsten Tankschiff vor der Irischen Küste waren besonders hart. Nebel und rauhe See setzten der Crew, die ohnehin total übermüdet war, weiterhin zu. Niemand konnte wissen, ob die durch die Panne verursachte lange Aufenthaltszeit wieder eingeholt werden konnte – und ob die Maschinen halten würden.
Immerhin erreichte das Boot auf dieser schwierigsten Etappe noch eine Durchschnittsgeschwindigkeit von 38 Knoten.
Schließlich klappte jedoch auch das letzte Stück. 2 Stunden, 9 Minuten und 35 Sekunden schneller als die „United States" erreicht die britische „Virgin Atlantic Challenger II" das Ziel.
Und schließlich gibt es noch von einem weiteren Rekord über den Atlantik zu berichten, für den es zwar nie ein Blaues Band,

aber doch viel Anerkennung gibt. Im Juni 1987 setzte der Franzose Phillipe Poupon mit seinem Mehrrumpfboot „Fleury Michon“ den Transatlantik-Rekord für Segelboote: 7 Tage, 12 Stunden und 50 Minuten. Sein bestes Etmal waren 520 Seemeilen, das entspricht einer Geschwindigkeit von 21,7 Knoten. Es sieht so aus, als habe der Gedanke des Blauen Bandes noch nichts von seiner Faszination verloren.

Svante Domizlaff
Hamburg, im März 1988

Die „Savannah" überquerte 1819 als erstes Dampfschiff den Atlantik.

1837 fuhr die „Sirius" als erster Dampfer von Europa nach Nordamerika.

Great Western": das erste für den Transatlantik-Passagierdienst gebaute Schiff.

Die „Britannia" beim Auslaufen aus dem vereisten Hafen von Boston (Februar 1844).

Mit der „Caledonia“ und ihren Schwesterschiffen eröffnete Cunard 1840 den rege.
mäßigen Nordatlantik-Dampferdienst.

Die 1848 erbaute „Europa“ der Cunard Line.

Als erster Collins Liner erkämpfte die 1850 gebaute „Atlantic“ das Blaue Band.

Die „Pacific" der Collins Line machte im September 1850 eine schnelle Ost-West-Reise

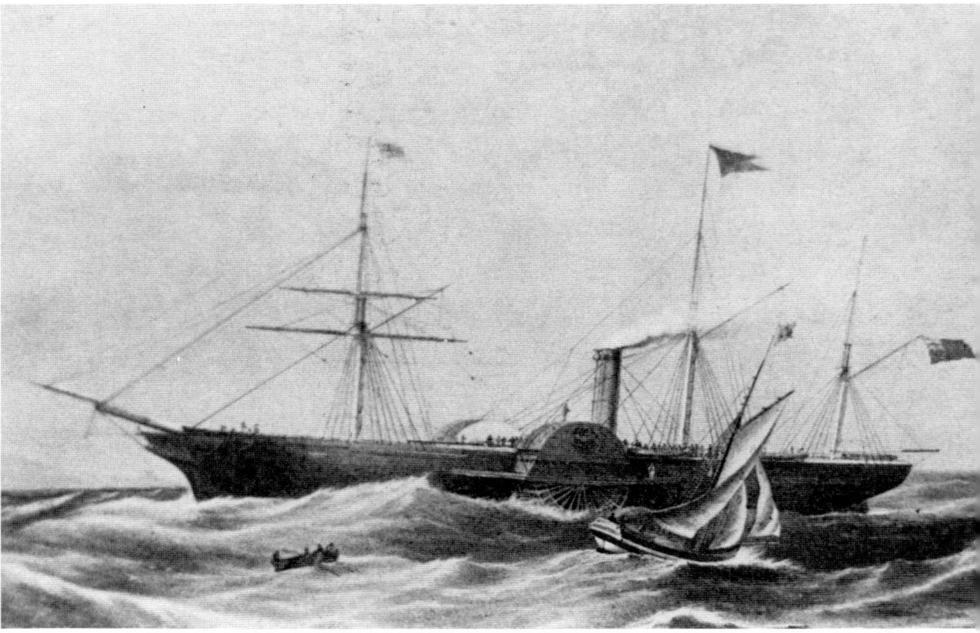

Der Cunard Liner „Asia" machte 1850 eine Rekordreise von New York nach Liverpool

„City of Berlin" überquerte 1875 den Atlantik mit 15 kn Durchschnittsgeschwindigkeit.

1876 gewannen die Schwesterschiffe „Britannic" (Foto) und „Germanic" das Blaue Band für die White Star Line.

Die „Alaska" der Guion Line nahm ihrer Vorgängerin „Arizona" 1882 das Blaue Band ab. Auf der Reise von Queenstown nach New York erzielte sie 16 kn Durchschnittsgeschwindigkeit, auf der Rückreise sogar 16,8 kn.

Die im Mai 1875 in Dienst gestellte „Germanic" jagte der „City of Berlin" im Februar 1876 das Blaue Band mit einer Reise von 7 Tagen, 15 Stunden und 17 Minuten ab.

Der Cunard Liner „Oregon“ ging bei einer Kollision im März 1886 vor Fire Island verloren. Der deutsche Dampfer „Fulda“ rettete sämtliche Passagiere.

Die „Umbria“ wurde in einer Rekordbauzeit fertiggestellt. 1887 errang sie das Blaue Band mit einer Durchschnittsgeschwindigkeit von 18,9 kn.

Die „Etruria" (Bild) erhielt wie ihr Schwesterschiff „Umbria" Baukostenzuschüsse der Britischen Admiralität und galt als eines der ersten Luxus-Schiffe mit allem Prunk der viktorianischen Epoche.

Die „City of Paris" der Inman & International Line überquerte als erstes Schiff den Atlantik in weniger als fünf Tagen.

Die von Harland & Wolff in Belfast gebaute „Teutonic" gewann 1891 das Blaue Band.

Die „City of New York" (Bild) beförderte wie ihr Schwesterschiff „City of Paris" eine große Zahl von Amerikanern zur Weltausstellung in Paris 1889.

Der Cunard-Dampfer „Campania“ errang 1893 gleich zweimal das Blaue Band.

Die „Lucania“ unterbot den Rekord der „Campania“ 1894 mit mehr als 16 Stunden.

„Kaiser Wilhelm der Große“ des NDL gewann 1897 das Blaue Band für Deutschland.

Die „Deutschland“ errang als einziges Hapag-Schiff das Blaue Band.

„Kronprinz Wilhelm" des NDL machte im September 1902 eine Rekord Ost-Westreise

Die beim Stettiner Vulcan gebaute „Kaiser Wilhelm II" macht erst vier Jahre nach dem Stapellauf eine Rekordreise und nahm 1906 der „Deutschland" das Blaue Band ab.

Die „Lusitania" bewältigte 1907 die Transatlantikstrecke erstmals unter fünf Tagen.

Die „Mauretania" der Cunard Line hielt ab 1909 das Blaue Band für 20 Jahre.

Die „Bremen" des NDL lief am 16.8.1928 bei der A.G. Weser in Bremen vom Stapel.

Die „Bremen" – ein elegantes und mit allem erdenklichen Luxus ausgestattetes Schiff.

Die Veranda der „Bremen" mit dem Palmengarten.

Die „Europa“ (bei Blohm & Voss in Hamburg gebaut) lief am 15.8.1928 vom Stapel.

Die „Europa" während der Probefahrt 1930.

Ein seltenes Bild: „Europa" und „Bremen" treffen in Bremerhaven zusammen.

Die „Rex" holte 1933 für Italien zum ersten und einzigen Mal das Blaue Band.

Die „Normandie" (oben) und die „Queen Mary" 1939 an den großen Piers in New York

Die elegante „Normandie" gewann im Mai 1935 überlegen das Blaue Band.

Triumphaler Empfang der „Queen Mary“ am 1. Juni 1936 in New York.

Die „United States" stellt im Juli 1952 auf ihrer Jungfernreise mit 3 Tagen, 10 Stunden und 40 Minuten den absoluten Transatlantik-Rekord auf.

Impressum

CIP-Titelaufnahme der Deutschen Bibliothek
Hughes, Tom:
Der Kampf ums Blaue Band / Tom Hughes. Ins Dt. übertr. von Wolfgang Frank. – Hamburg : Ed. Maritim, 1988
Einheitssacht.: The blue riband of the Atlantic <dt.>
Aus d. Engl. übers.

ISBN 3-89225-163-0

Titel der englischen Originalausgabe:
The Blue Riband of the Atlantic

Übersetzung: Wolfgang Frank
Schutzumschlag: Jan Buchholz und Reni Hinsch, Hamburg
Lithographie: O.R.T., Hamburg
Druck: Karl Stiller, Remseck

Printed in Germany 1988

Bildnachweis:
Archiv Edition Maritim, Hamburg: S. 242, 243 u., 247, Umschlagrückseite
Bavaria-Verlag, Gauting: S.226 o.
Hapag-Lloyd AG, Hamburg/Bremen: Titelbild, S. 225, 237, 238, 240, 241, 243 o.
Keystone-Pressedienst, Hamburg: S.245
Arnold Kludas, Grünendeich: S. 226 u. bis 236, 239 u., 244 o.
Ullstein Bilderdienst, Berlin: S. 239 o., 244 u., 246